JN046637

曾我廼家十吾

日本一のおばあちゃん役者

十吾の家庭劇・旗上げの頃

新宿松竹座
家庭劇

小島のぶ江
曽我廼家十吾さん
曽我廼家十吾さん
の曽我廼家十吾
の久仁野又行
曽我廼家十吾

はじめに　「ハラショー　ジュウゴ！」

小島のぶ江

昭和三十三年春、ロシアからモスクワ芸術座来日。劇場の下見で曾我廼家十吾のお婆さんを見た芸術座の面々が「ハラショー ジュウゴ！」を連発絶賛！ハラショウ！とはロシア語で「素晴らしい」の意です。文楽座は、人形浄瑠璃のために道頓堀東端の弁天座跡に前年竣工した客席千人足らずの中劇場でした。設計は吉田八十八。なまこ壁の明るく居心地の良いその劇場でチェホフの『桜の園』は日本初公演、ラネーフスカヤ役のタラーソワを始め、そのアンサンブルの見事だったこと。芸能界に入ったばかりの私も切符を入手観劇できたことは幸運でした。

道頓堀浪花座裏には幹部出演者のための宿泊兼稽古場「松竹寮」があり、市川寿海、片山仁左衛門、十吾らが大阪公演中利用し、東京勢は旅館「上方」泊りでした。十吾の部屋には本が山と積まれて石垣のように結界の役目をしていました。座員は芝居のはねた後、畳に正座して演劇講座を受けます。終電の時間を気にしながら、しびれと闘ったものです。

毎月昼夜八本の狂言立て。年中無休。大阪、京都、神戸、名古屋、東京、福岡、熊本、岡山、松阪、下関などの劇場で、涙と笑いの舞台を展開しました。追い出しは賑やかに鬚物のきまり、私は芸者役一手引き受け。本舞台から七三で捨て台詞「堪忍どすえ」チョンと柝が打たれ、花道を入ります。

「十吾の家庭劇」では、台本はありますが所謂「口立て」で、師の口伝えの台詞を覚えていきなり立ち稽古に舞台稽古。舞台装置や音楽、衣装も師の粗筋の説明で製作。文芸部は白紙の藁半紙を持って必死に筆記、印刷にまわす、しかし俳優の持ち味、実力などに応じて台本は変化します。役者も裏方も軽業《かるわざ》的作業です。テレビ中継用に台本が出来、月初めに新聞記者招待。

「市井の、笑えない人や、笑うのが下手な人々の、笑う手助けをして上げるんや、喜劇は人助けや…」と十吾は言いました。お婆さん役を得意とした十吾は、市井人々の人情の筋を通して生れる自然な笑いを、赤ちゃんから老人まで一つ屋根の下に暮らしていた、かっての日本の家庭を舞台に展開しました。

昭和三十年代、テレビや洗濯機などが家庭に普及し、交通は自動車が主役になり

ＳＬも姿を消して行きました。家族崩壊、生活文化が大変化する時代の曲がり角に直面した喜劇ですが、茂林寺文福（十吾のペンネーム）の「愛の設計図」「鼻の六兵衛」などは今も松竹新喜劇などで上演されています。

昭和三十九年正月文楽座、高田浩吉グループとの合同公演を最後に私は十吾の許を去りました。

引退後の昭和四十年代、私は京都の十吾の自宅を訪ね、その死去までの十年間の、十吾の意のおもむく儘のお喋りを、ラジオの台本の裏に書きとめました。十吾の面前での筆記とか録音は一切せず、帰宅してからの記憶を書きとめたものです。

私は入退院を繰り返しながら生かされて満九十三歳、曾我廼家十吾よりはるか年上になりました。晩年の先生と様々お話できた事を思い返し、胸膨れる思いでおります。

先生からいただいた手紙や葉書はどれもこれも悲喜こもごも、俳味たっぷり、かけがえのない宝となりました。

曾我廼家十吾の第二次家庭劇　昭和三十二年

明治三十七、八年東洋の島国日本は大国ロシアと戦争。勝利しました。歌舞伎の大部屋役者二人が一座を立ち上げ、開戦三日後に舞台化した『無筆の号外』が大当たり。曾我廼家五郎十郎の快挙、日本の喜劇誕生です。百年経ちました。

昔は『俄（にわか）』が日本全国にありました。ぼて鬘をかぶって旦那集が町に繰り出して即興芝居を演じます。鶴屋団十郎が人気者になり入場料を取るようになって、川上音二郎のオッペケペーなどが一世を風靡。今もお煎餅で知られる『博多俄』があり、熊本には『肥後俄』。東京には『吉原俄』浅草のお茶屋松葉屋が一九九八年まで残っていました。私は東京歌舞伎座の『喜劇祭り』の折、南都雄二と十吾のお供をして行きました。古い町には遊郭があって（昭和三十三年売春禁止法施行）浅草には太鼓持ち数人が今も健在です。

俄の申し子、曾我廼家十吾は天外の文芸路線が気に入らず単身松竹新喜劇を飛び出し、昭和三十二年八月道頓堀文楽座で『十吾の家庭劇』を旗上げします。

『愛ちゃんは太郎の嫁になる』旗上げ披露公演・養老院の場の舞台稽古。二年ぶりに板を踏む十吾。上手からスポット・ライトを浴びて登場。躓いてぴょこぴょこ歩き、全身に喜びが溢れていました。『百年の大阪明治編』（明治三十七年二月）、曾我廼家一座スタートの、その二度目の公演をリアルタイムで見た杉谷慶次氏（後松竹演劇部）の劇評に「ピョンピョン飛ぶような歩き方」とあります。跳ねウサギは五郎のものでした。律儀な十吾はその後二度と見せませんでした。

座員も十吾の気質を飲み込み、東京から石井均入座。芦屋雁之助兄弟、大村崑、蝶々雄二、ダイマル・ラケット、旭輝子らをゲストに迎え佳作が数多く生まれました。東京公演（新宿松竹座・東横ホール）も好評。外部作家の脚本も増え、藤本義一作、蝶々雄二と組んだ詩情あふれる『ちびた高下駄』、御幸待人作『競輪婆さん』、ミイラ取りがミイラになる十吾の圧倒的演技。

私が大谷会長に認められた『大正旅館』。花登筺作『どさ』『京都市東京通り』『やとな』、土井行夫作『外灯』『桐の花咲いて』。

東宝系「雲の上団五郎一座」が人気の頃、三木のり平らが東京から南座観劇に。小柄で泣き笑いの哀切極まりない十吾のお婆さん。のり平のしぐさに十吾写しのしぐさがほの見え、飛び切り色っぽいお婆さんが舞台に出現、大爆笑です。

喜劇映画シリーズ。松竹は「寅さん」「釣りバカシリーズ」など、東宝映画（宝塚）は森繁「夫婦善哉」「三等重役」「駅前シリーズ」他。テレビも若く、「スチャラカ社員」「番頭はんと丁稚どん」「てなもんや三度笠」などが超高視聴率。昭和三十四年、演芸の吉本興業が舞台新喜劇座組み、テレビ向け舞台で即大人気に。素人参加番組も各局競って制作。時代はテレビが物差しに、大阪弁は全国に浸透してゆきます。

しかし「テレビに出ると芸が落ちる」という十吾のテレビ嫌いでテレビ出演は少なく、十吾の家庭劇は中継のみとなります。舞台中継は民放テレビ全国の人気番組でした。しかし十吾流儀はテレビ屋泣かせ、カメラ割りもできず時間にも収まりません。とうとう読売テレビのＹ氏は中継中止を申し入れたそうです。さすがの十吾も折れて夫婦同伴で宗右衛門町の大和屋で一席設けたと聞きます。

十吾の家庭劇は時代の流れに翻弄され、昭和三十九年「曾我廼家十吾舞台生活六十五周年記念公演」（北條秀司作『こったいさん』『直どんとお家はん』）が二世中村鴈治郎を迎え道頓堀中座で興行されてから後、十吾は松竹新喜劇に、天外寛美らと古巣中座、また東京歌舞伎座、新橋演舞場と客演が続いていくことになります。

曾我廼家五郎
直筆掛軸

薬膳聴雪　作

曾我廼家十吾　直筆掛軸

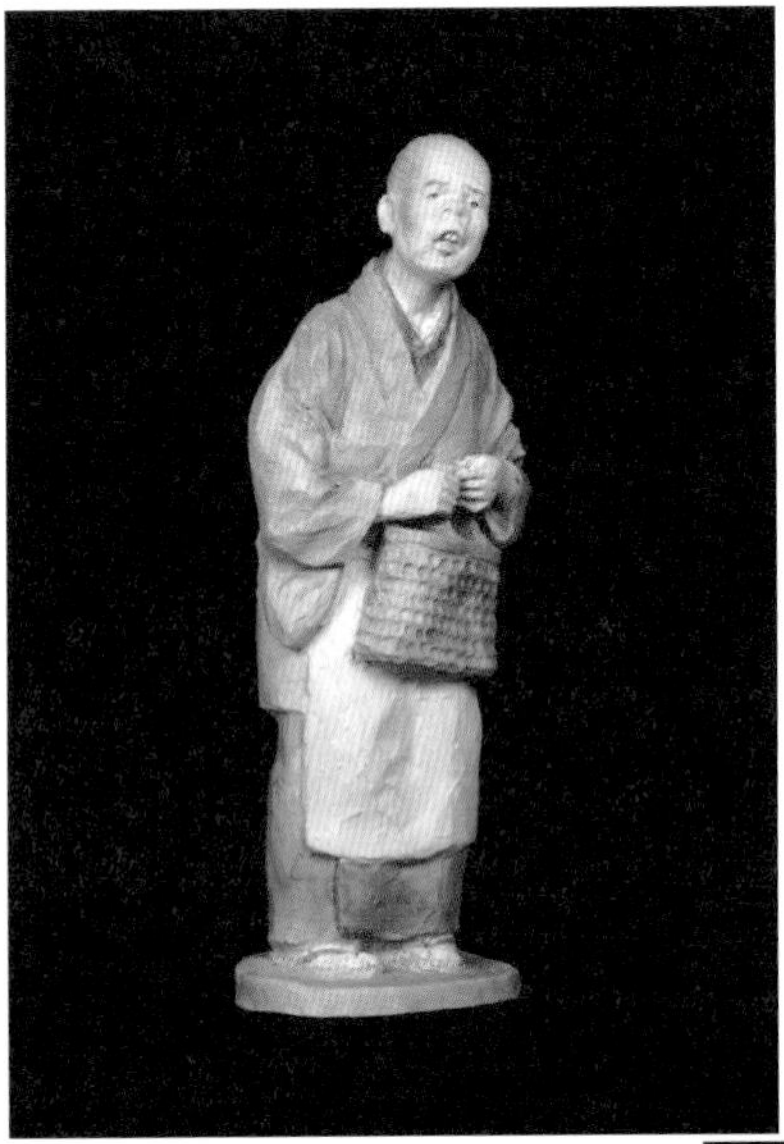

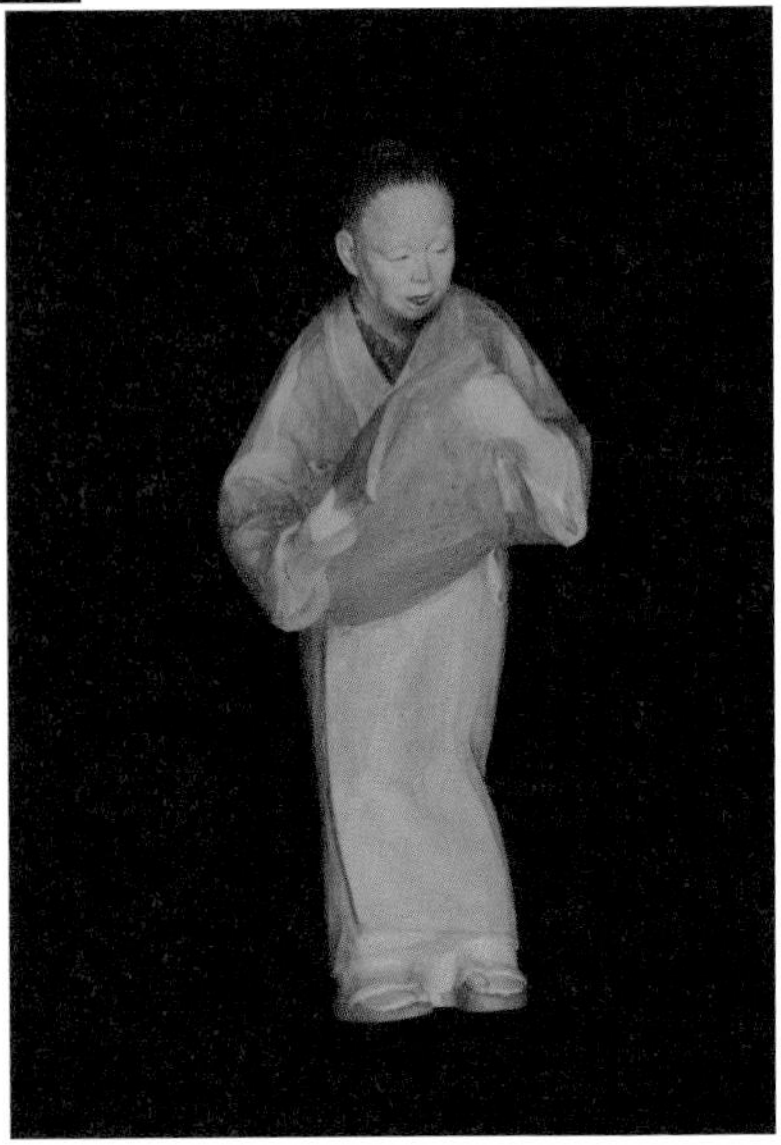

小島与一　作
曾我廼家十吾像

一つ家の軒を飾るや 柿 紅葉
昭和 44 年 10 月 31 日
昭和 45 年 1 月 2 日

お酒のむ人花ならつぼみ
　　今日も咲け咲け明日も酒
昭和37年10月28日神戸公演にて

花一つてふ 梅の 春
昭和 45 年 1 月 2 日

お椀百まで箸九十九まで
ともに朱塗がはげるまで

昭和 44 年 5 月 22 日

目次

消えゆく芝居小屋への郷愁

名優曾我廼家十吾の軌跡とともに

宮川 龍太郎（近鉄劇場支配人）

この秋、道頓堀の中座が閉館になるという（＊一九九九年）。青春時代をこの道頓堀で芝居の世界にどっぷり浸かっていた者にとっては、一抹の郷愁を感じる。といっても、この中座がホームグランドだったわけではない。常に中座の後塵を拝し、こっちもあんなにお客さんでにぎわう劇場になればいいなぁと、いつも指をくわえてながめていた文楽座（のちの朝日座）だったのである。いまもその傾向があるが、道頓堀の客足は道頓堀東映までといわれ、それから先はひっそりとしてさびしいかぎりであった。私のホームグランド文楽座はその道頓堀の片田舎、堺筋と接する東の端に位置していた。

その道頓堀で、かつては上方喜劇の名優として渋谷天外と同じ劇団で、双璧として芸を競っていた曾我廼家十吾が家庭劇を旗揚げした。ホームグランドは文楽座で、喜劇役者のほか、新劇の若手俳優やまったくの素人のおばあさんを公募して、昭和三十二年（一九五七）八月にスタートした。天外とのコンビを解消したのは芝居に対する考え方のちがいといわれ、十吾はその後映画の世界に足を踏み入れ、東映の松田定次監督のもとで助監督をつとめたが、芝居への情熱はなにものにもかえがたく、再び道頓堀の舞台に立つことになったのである。その年の春、大学を出た私は就職難でまともな企業に就職できず、旗揚げしたばかりの家庭劇文芸部にひろってもらうことになった。

旗揚げ当初はもの珍しさもあってある程度観客を集めることができたが、新しい喜劇の路線を模索して人気上昇中だった天外の松竹新喜劇にくらべ、曾我廼家喜劇の真髄である大阪俄《にわか》の芸風をまもろうとした十吾の芝居は時代おくれと評され、次第に客足が遠のいていった。そればかりではない。前述したように道頓堀の中心部にあった中座と通行人が目立って少なくなる東のはずれの文楽座では、はじめからハンディキャップを背負ったも同然だった。その後もこの差はひろがるばかり、役者ばかりでなく、裏方を含めて家庭劇の全座員が、繁盛する中座を横目に見ながらどんなに悔しい思いをしたことか。松竹新喜劇は天外から藤山寛美に引き継がれますます隆盛した裏側で、数年後には劇団解散の憂き目に遭わなければならなかったことをふり返ると、あれほどにぎわっていた中座が閉館しなくてはならなくなったことに、遠い昔のこととはいえ、いささか感慨深いものがある。

「曾我廼家十吾は名優である。これは、私が保証する。芸の幅は広くないが、演技のイキとマのおもしろさを、あれほど自由自在に出せる人はそうざらに見当たるものでない。実にうまい役者だ。再び繰りかえすが、曾我廼家十吾は現代の名優である」

（後略）

この一文は旗揚げ公演に際して、そのパンフレットに寄せた演劇評論家山口廣一氏（故人）の贈ることばである。誰からも名優と称えられるだけに、自分の喜劇に対する考え方をガンとして曲げなかった役者でもある。普通、演出家のダメ出しといえば初日の幕が開いて二、三日もすればすむものだが、役者と演出家を兼ねた十吾のダメ出しはほとんど千秋楽まで続いた。それも納得がいかなければ役者や文芸部員を終演後、自分の住まいにまで呼び寄せ、延々夜の明けるまで続いたことも一度や二度ではなかった。私もそのダメ出しによく付き合わされたが、「十吾先生のもとで辛抱できたら、どこの劇団にいってもつとまる」とよくいわれたものである。

曾我廼家十吾の芝居のもうひとつの特徴は、台本はあってなきがごとしということである。いちおう本読みまでには台本が刷り上がって役者や裏方に配布され、それでもって稽古がはじまるのだが、途中でドンドン変更になるばかりか、初日の幕が開いても台本通りには進行しない。

ある日の舞台でこんなことがあった。十吾扮するお婆さんが近所の主婦とすれちがいざま空を見上げ、「なんや、雨になりそうやな」と語りかけた。台本に書かれたせりふは「ええお天気さんやな」である。このせりふを聞いて相手の役者の頭が真っ白になった。続くせりふは「そうでんな。きょうは洗濯日和ですわ」であったが、さてどう返していいか、まったくせりふが思い浮かばない。芝居の幕が下りて主婦役の役者は、十吾の楽屋に呼ばれさんざんしぼられた。

「あんた、役者をやめたらどないや。せりふが変わったからいうて反応でけんようでは、喜劇には向かんわ」

それが俄だと、十吾はいいたかったのだろう。時代は下るが、つかこうへいの口だて芝居を見て、なるほど舞台に緊迫感を与える点でひとつの演出方法だと、かつての十吾演出になつかしさを感じたものである。

俄のおもしろさは役者のせりふばかりではなかった。いま考えても斬新な舞台装置で観客をアッといわせたのである。旗揚げの年の師走興行で上演された「唐木の看板」（装置・松田種次）などは、役者が東海道五十三次の宿場の名前が入った看板をかかえて上手から下手に次から次へと走り、わずか三分たらずで百三十五里七丁ある江戸と大阪の道を走り抜けるという舞台装置を生かした奇想天外な芝居であった。また翌三十三年六月には「汽車に注意すべし」（装置・釘町久磨次）では引き幕一面に汽車の絵を描き、汽笛一声発車するとその引き幕は下手から上手へと引かれ、次第に列車の全貌が現れる。するとその客車に窓が一つ開けられていて、汽車に乗って去って行く人が、窓から乗り出して手を振りながら去って行く。乗客を見送る人物は花道を後退りしながら手を振って鳥屋に入るという斬新な演出で、俄芝居のおもしろさを存分に見せてくれた。この二作品はいずれも和老亭当郎（わろうてとうろう）作、十吾の師である曾我廼家十郎のペンネームである。いまふり返ってみても、決して古めかしさを感じないストーリーと演出方法に、あらためて感じ入る。舞台美術ではそのほか、大塚克三が劇団専属として天才で気まぐれだった十吾の演出のよき理解者だった。こうした手法は最近では夢の遊眠社がある舞台で、バックの風景画をゆっくり降ろしてゆくことで、登場人物が高いところに昇って行く情景を表現していたが、これを見たとき家庭劇時代を思い出し、曾我廼家喜劇のエキスが現代に生きていたことがうれしかった。残念ながら松竹新喜劇の人気には勝てなかった曾我廼家十吾の家庭劇であったが、上方喜劇界に残した功績は大きい。その証拠に、天外の劇団で活躍しながら自分の師は十吾先生だと言い通した藤山寛美は、もっとも十吾の芸に傾倒し、それを継承した役者だった。文楽座はその後朝日座と改称したがついに閉館し、いまは駐車場、そして松竹新喜劇で隆盛を極めた中座もやがて姿を消そうとしている現実に、劇場の盛衰に感慨を深くするものである。

名優曾我廼家十吾が残した軌跡は文楽座ばかりではない。京都の南座のように改装されてまだ現役で活躍している劇場もあるが、そのほとんどは姿を消した。

この三月末、福岡のメインストリート天神に完成したビルの中にオープンした西鉄ホールの開館披露パーティーに招かれた際、かつて家庭劇が公演した博多大博劇場跡を訪ねてみようと、ホールのスタッフに案内してもらった。その人は博多生まれの博多育ちだったが、かつての大博劇場があった場所を探し当てることができず結局、あとで年配の人からいまはマンションが建っていて昔の面影はまったくないと聞かされた。この劇場の舞台の盆は人力で回さなくてはならず、舞台転換になると狂言方が上からトントンと舞台を叩き、それを合図にヨーイ・ドンでエッサエッサと数人がかりで回したものだ。珍しさもあって何回かその舞台回しを手伝ったが、芝居の裏方をやっているという実感がこの時ほど沸いてきたことはない。

東京公演というと、いつも新宿松竹座だった。甲州街道に面したこの劇場はちょうど家庭劇の東京進出に合わせたかのように改装され、客席ばかりでなく、楽屋などの裏もけっこうきれいだった。役者や裏方のエライさんはもちろん旅館から通っていたが、私たちペイペイの若手は楽屋に寝泊まりした。これがまた快適で、一か月間、まるで修学旅行気分だったことを思い出す。そのなつかしい劇場も行ってみると立派なビルに変身し、ここに劇場があったことなど誰も知らないかのように人々が生活をしていた。

劇場・ホールの建設は、いまや地方行政にとって欠かせぬプロジェクトになってきている。そしてあらゆる近代的メカを導入して、その優劣を競っているのが現状である。そんな状況を見るたびに、名優曾我廼家十吾がその芸を残してきたような、温かみのある劇場が次第に姿を消してゆくのに寂寞感をいだくのは、私ひとりだろうか。

ＥＳＰＡＣＥ（関西舞台懇話会）Ｎｏ・１６
１９９９・７・７発行

松竹新喜劇の思い出の人々

廓　正子（演劇評論家）

松竹新喜劇はいま、三代目渋谷天外を座長に、藤山寛美の孫・藤山扇治郎が入団し、現代に生きる喜劇の創造に向かっている。そのためにも、かって日本一の人気を誇った時代の忘れがたい、あの人、この人を思い出し、現役の人も書いてみたい。それにしても鬼籍に入った役者たちの何と多いことか。その人たちから聞いた話を時に交えながら…。

松竹新喜劇は昭和二十三年十二月、道頓堀の中座で旗揚げ興行を行っている。座員は曾我廼家十吾、渋谷天外、曾我廼家明蝶、曾我廼家五郎八、浪花千栄子、九重京子、曾我廼家鶴蝶らに下から数えて三番目に藤山寛美がいた。劇団誕生の理由は、明治、大正、昭和に〝喜劇王〟とうたわれた偉大な役者・曾我廼家五郎が、十一月一日に喉頭ガンで亡くなったからであった。松竹は五郎一座と、十吾の松竹家庭劇、天外の劇団すいーとほーむを合併させて松竹新喜劇を結成させたのである。

【寛美の話　五郎先生がまだ生きてはるのに、新しい劇団を作る話を相談してはるのを見て、僕、芸能界って、こわいとこやと思いました。松竹の白井松次郎会長、十吾先生、天外先生らが、うちの母親がお初天神でやってた店の二階で、ずっと話合いをしてはったからです】

旗揚げ興行は一応、成功した。しかし、劇団内部では、不協和音が絶えない。やがて、不入りになって行く。解散か、の声も出てきたが、白井会長の「もうちょっとやってみなはれ」で、天外は、まず、新しい喜劇のためにも、女は女形ではなく、女優で行く方針を打ち出した。五郎一座からの女形らは退団し、酒井光子、滝見すが子らが入団する。

ここで、五郎について簡単に書いておきたい。彼は元、無名の歌舞伎役者。ある日、千日前の〝にわか芝居〟の客席に、売れっ妓芸者・富田屋八千代の姿を見て笑いの芝居に転向を決意する。歌舞伎時代の友人、曾我廼家十郎と一座を結成、明治三十七年、日露戦争勃発に合わせて喜劇「無筆の号外」を道頓堀・浪花座で上演する。〝喜劇〟という言葉が演劇界に初めて登場した歴史的な作品であり、大当たりした。

もっとも芝居のスタイルは花道や下座の使い方、女形など歌舞伎調。以後、五郎たちは勢力を伸ばし、東京にも進出するのだが、〝両雄並び立たず〟で袂を分かち、それぞれの一座になった。この構図は、その後も見ることになる。

曾我廼家十吾

曾我廼家十吾は芸名でわかるように、曾我廼家十郎一座の出身。昭和三年、二代目・渋谷天外とともに松竹家庭劇を創立した。十吾は茂林寺文福、天外は館直志で脚本、演出、役者の三役をこなして行く。かって五郎は一堺漁人、十郎は和郎亭当郎の筆名で書いたように、喜劇一座は座頭が脚本を書くのが〝決まり〟のようになっていた。十吾はお婆さん役が得意で、芸風は十郎風に飄々とした味わい。丁稚役も評判を呼んだ。寛美は十吾の丁稚を自分流にこなして当たり役にしていった。

昭和三十一年二月。劇団ユニットで松竹映画、大仏次郎原作「たぬき」を撮影することになった。こま切れに撮ってゆく映画手法になじめない十吾は退団した。〝たぬき騒動〟と呼ばれる。ここでも〝両雄並び立たず〟である。一年後、十吾は文楽座（後の朝日座）で家庭劇を再挙する。弟子に曽我廼家文童、新劇から入った高田次郎らの一座は苦戦つづき。解散。一人になった十吾はいった。「わたい、村の辻堂でも芝居する」と。間を置いて十吾は新喜劇に客演。「お家はんと直どん」の名舞台の再現を、私も楽しんだ思い出がある。

十吾の楽屋には、緑地に千鳥の白抜きののれんが掛かっていた。贈り主は、吉原の松葉屋。歌舞伎では、千鳥は曽我廼家十郎の象徴である。十吾の家は、京都・南座の前を東へ歩き、大和大路を南に入った西側の古い町家。玄関を入った所に〝笑門来福〟と書いた笊が掛かっていた。葬儀は、この家で、寛美が取りしきって行われた。柩の中に寛美がそっと入れたお婆さんの鬘があった。その日、昭和四十九年四月七日、雨。

二代目渋谷天外

五郎劇の大人気は、ぞくぞくと喜劇一座を生み出していく。渋谷天外の父、初代天外も西村楽翁と共に「楽天会」という一座を持っていた。父と死別した二代目は、あちこちの劇団で脚本書きの修業などを重ねて昭和三年、十吾と松竹家庭劇の結成にたどり着く。終戦直後の二十一年五月、天外は妻の浪花千栄子と共に退団、新しい自分の喜劇を作りたいと。すでに十吾との喜劇に対する考え方の相違が広がっていた。劇団名はすいーとほーむ。昭和二十二年、満州から帰国した寛美を天外は喜多康樹に迎えに行かせた。

【寛美の話　浪花先生は役者はむろん、衣装、鬘から三味線まで弾いて一座を支えてはった。僕はまだ下っぱやし、浪花先生の横で太鼓たたいてました】

昭和二十六年、長谷川幸延の小説「桂春団治」の前編を脚色。天外は文芸路線をスタートさせ、酒屋の丁稚を演じた寛美が注目されるようになった。「桂春団治」は劇団にとって大きなターニングポイントになった。「銀のかんざし」「花ざくろ」の名作を書き、脚色では「おやじの女」「みみづく説法」「大阪ぎらい物語」。翻案ではかなり前にイプセンの「野鴨」から「大人の童話」を書いている。

そして人気の起爆剤になったのが読売テレビ系に書いた「親バカ子バカ」で、一気に全国区の劇団になった。

寛美を筆頭に団員は伸びていった。「役者、はよ辞めたい。脚本と演出だけやりたい」と何度もきいた。

昭和四十年九月、南座「はるかなり道頓堀」出演中に倒れ、寛美にバトンタッチした。かなり経ってカムバックしたが往年の勢いを取り戻すことはなかった。昭和五十八年、三月十八日、死去、七十六歳。

藤山寛美

松竹新喜劇の基礎を固めた十吾、天外についで、人気を不動のものにしたのが藤山寛美。私など道頓堀に行けば、いまも寛美に会えるような気がするのだが、今年（平成二十八年）は二十七回忌、生の舞台を知る人は減るばかり。そこが舞台芸のはかなさだが、寛美の遺伝子は新喜劇以外にも伝播して、さまざまな舞台、映像、テレビのどこかに生きていると私は思っている。

とにかく、簡単に書ける役者ではない。だからこそ会えるものなら、もう一度、会いたい花のある役者であった。

昭和四年、大阪・新町の生まれ。幼時に関西新派の役者だった父・藤山秋美に死別。新派の花柳章太郎の勧めで芸名を付けてもらい子役に。関西新派を主に、時に家庭劇に借りられて行く。ここで十吾、天外と出会ったのが喜劇役者のスタート。昭和二十年三月十四日未明の大阪大空襲で道頓堀の五座も焼失。働き場所を失った十五歳の寛美は満州慰問の一座へ。八月終戦。地獄を体験する。

「役者の原点でっか、子役と違います、満州だあ。生きることもなにもかも、みーんな満州…」

彼はもっとも多感な少年時代に、人間のあさましさ、かなしさ、やさしさ、あらゆる面を見てしまったのだろう。何ものにも動じなくなった。ある日、中座の楽屋ののれんを開けたら、いつものように「いらっしゃい」と明るい声。上がってみたら、派手なセビロにパンチパーマの男が座っていた。借金取りが楽屋に居座り、舞台の袖で監視しようと、いつものように客席を笑わせ、泣かせ、つられた借金取りも泣き笑いというおかしさ。多額の借金から破産宣告を受ける。テレビのコマーシャルを何本かこなせば、寛美の実力なら払えたであろうに、拒否。ついに松竹をクビになった。

劇団は、どん底に落ちた。半年後、松竹は折れて寛美は復帰した。記者会見で「まな板の鯉だア」とケロッと言った。昭和四十一年十月中座の復帰公演後は前にも増して爆発的な人気。楽屋の壁に［目標一億円］の色紙を飾っている。

「クビにした会社への仕返しは、儲けてもらうこと」

ニヤッと笑った顔を忘れない。翌年は三億円にアップ。いまなら何倍になるのだろうか。

昭和六十一年十一月には〝年中無休二十年〟を達成する。しかし、この間に、かなりの座員の入れ替わりがあった。後に寛美は言った。

「鶴蝶がやめた時が一番、つらかった」

手ごたえのある相手役であったから。

（中略）

平成二年三月の中座が最後になった。「来月、検査入院しまっさ。五月、花舞台に出ますよ」と、うれしそうにいった寛美との、これが最後の会話になった。この時、彼の来年三月までのスケジュールもきいた。その三月は彼が師匠と仰いだ花柳章太郎の追善。初めての新派出演の企画を考えているようであった。平成二年五月二十一日、寛美は逝った。六十歳。波瀾万丈の昭和を、まるまる生きた不出世の喜劇役者であった。

やそしま第十号（関西・大阪21世紀協会
上方文化芸能運営委員会）より抜粋

喜劇事始め

小島　のぶ江

遊びをせんとや生まれけむ…遊ぶ子供の声聞けば我が身さへこそ動るがるれ…
「梁塵秘抄」

神話の時代から、歌垣、万葉、声明、平家、寺社縁起、説話絵解き、猿楽、能狂言、浄瑠璃、歌舞伎、清元、常磐津、辻咄、落語、俄（仁〇カ・仁輪加）、改良俄、歌舞伎のもじり、新派悲劇喜劇、浪曲、漫才、無声映画弁士、ラジオ・テレビアナウンサー…聞くに可笑しき経読みの…千年の余も続く日本の語りの芸だ。

曾我廼家十吾の口癖、「真実の性根」、「写実の腹」。歌舞伎世界の演技修得の基礎である。「客に受ければ良いのではない」「額縁（舞台の寸法）の大きさに無頓着ではいけない」。板の上の長い修行が、地以外のものを身につける。

「役に成りきる」。役を自分に引きつける事ではない。役者の技量によって其の役の人（ニン）になる。地のまま舞台へ出るという事なら演技ではないのかも知れない。古風な関西弁。奇異な女形の物言い…てにをは。

根本のみを言う。枝葉のみを言う。人が砂糖にくるんで言うところを包まず言う。てらいや憶測を捨てて謙虚に聞く姿勢がないと理解できない。なるほど、と感心するような事を言うてはる時は社交で言うてはる。社交の無い時は、飾りが無い。うっかり相槌をうつと、はぐらかされる。天外は終いに「兄貴、どないせえ言うのや?」と言ったそうである。退団した人達は異口同音に「半分も解らなかった」と言う。男優陣は第一に「怖かった」ことを思い出すらしい。叩かれた人もいる。「天皇」と恐れられた北条秀司より怖かったと。

九州で十年(文福・茶釜)を過した十吾は昭和初年、曾我廼家十郎に呼び戻され十吾を名乗り松竹と契約。二台目渋谷天外と道頓堀で「家庭劇」を結成。女優(石河薫ら)を採用、新派の小織桂一郎、高田実らを加え全盛を誇る。

令和二年秋に放送されたNHKの朝のドラマ『おちょやん』は、昭和初期「松竹家庭劇」を興した曾我廼家十吾と、渋谷天外・浪花千栄子夫婦がモデルだ。「十吾天外二人座頭体制」、年齢の差は十五歳、十吾は赤ちゃんの天外を守している。十吾のお婆さんは超人気。東京公演も好評。寛美も及ばぬ人気があったと聞く。

敗戦。焼土の上に二人は「松竹新喜劇」を立ち上げる。寛美ら若手を育て、東京新橋演舞場年一回七夕公演は恒例となり、不動の人気劇団となる。高度経済成長期、テレビ時代に入る。『桂春団治』『細雪』は天外の文芸路線。十吾が、劇団のユニット映画『たぬき』騒動で単身松竹新喜劇を飛び出した。頭の笠が除かれて寛美の阿呆ぼん、丁稚はテレビで全国区になる。十吾の芸は寛美の血となり肉となって継がれたわけだ。

十吾は神戸で生まれ育った。港町神戸は貿易世界文化の出入り口。チャップリンの初来日も神戸。日本最初の映画輸入上映者高橋慎治は十吾の小学校の級友の父だ。歴史上に日本独自の語り芸活弁の花が咲く。川喜田かしこ夫妻の東和映画や淀川長治を育てたのも神戸だと言っても過言ではない。洋画封切り館松竹座の弁士たちの溜まり場が花隈のお茶屋「久富」。十吾の末妹が養女に入り経営した。

喜劇の源流新派は自由民権運動の演説に始まる。神戸駅前の大黒座は、角藤定憲やオッペケペーの川上音二郎らの根城だ。十吾の姉が大黒座に嫁入り、其の娘が巽慶子さん、十吾の姪になる。十吾の周りはどこも演芸の花で溢れていた。

当時曾我廼家五郎は全ての日本俳優のトップ収入者であった。十吾も、歌舞伎を支えたのは喜劇の隆盛があっての事だと明言している。掛りが安く、雨後の筍のように喜劇団が誕生する。東京は浅草オペラからレヴュー軽演劇全盛。子供の頃東宝映画、エノケン（榎本健一）の孫悟空、チャっきり金太、法界坊、「あのねおっさん」の高瀬実。宮城千賀子の「狸御殿」。ロッパ、小笠原章二郎、森川信（寅さんの初代おいちゃん）…。

沢村源之助（紀ノ国屋）が家庭劇に参加、一堺漁人作「犠牲の舟」に出た事がある。「歌舞伎役者が喜劇へ行くとは何事か」と批難された。十吾は紀ノ国屋を迎えて歌舞伎劇を演じた。狭い意味の喜劇では無く演劇の根本としての、人生という意味の喜劇であった。所謂笑劇的喜劇ではなく、地味だと言われていた源之助に、不思議な華、色艶を醸し出させていた。もともと曾我廼家喜劇は二人の歌舞伎役者が作ったもので、歌舞伎仕立ては演技スタイルの一つだ。十吾は渡し舟に乗り合わす旅人に、座員の中から、ぴったりの風采・手だれの役者を選んで脇を固め、初日は自ら演じた船頭の役を、あと池場征吾にやらせたと記憶している。秀逸の舞台であった。

主役には相当の体力が要る。幕が降りるまで責任がある。十吾は還暦を越え壁の袖に手をつき呼吸を整えていた。寛美も四十代の終幕に疲れを見せていたぐらいであるから、体力的に限界だっただろう。昭和二十年代、千日前の歌舞伎座で晩年の初代吉右衛門を観たことがある。途中「暫くお待ち下さい」のアナウンスがあり、四十分ほど待って幕が上がり無事終演。誰一人文句を言わず。名優の演技の満足度は何時もと変わらなかった。舞台は過酷、いかな名優も寄る年波には勝てぬ。「力の配分は心構えの一つだ」とは、十吾、寛美両座長に仕えた曽我廼家光夫（和田）の言葉だ。

十吾のスタートは歌舞伎の子役で、花道での演技を真下の奈落で見、台詞やしぐさをなぞったと言う。十吾の師十郎は吉右衛門の父中村歌六『播磨屋』の弟子だ。どろん屋の十吾にとって播磨屋一家は真面目。小唄も俳句も播磨屋倣い。吉右衛門は「ほととぎす派」の本格俳人、十吾は俳句都都逸小唄に俳画なんでもござれ。私に「先人と似たような句ができてもへこむことはない」と言った。広範な文芸作劇の知識、遊芸の実技。ユーモアに満ちた手紙、色紙、掛軸などの絵画。播磨屋倣いと言っても多分天性のものであろう。「死に下手」と言いながら、病気がちながら、八十三歳の天寿を全うし芸脈に藤山寛美を得、同窓会まで実在した。理解に苦しんだ事、十吾の老いの勘違いや好き嫌いも、その純粋性の印だと思う。

三宅周太郎と十吾の対談や昔の資料を見ると、明治大正期までの日本は義太夫の世界。娘義太夫なども大人気。かのエノケンも歌舞伎のパロディで世に出た。兵庫県播磨は芸どころ、落語講談などによる歴史常識は、現代から見れば荒唐無稽であろうとも、人情の根本はさして変わらぬ。俄師の義太夫の素養は玄人並であったらしい。十吾の芸は、神の下された天性の賜物にプラス人知れぬ努力の積み重ねの結果であろう。

人嫌いで気難し屋の十吾は、意外に面倒見が良かった。戦時中は、空襲を免れた十吾の家の二階に五十人ほどが寝泊まりしていたと本人から聞いた。十郎師匠の没後も座員その家族の面倒を見たと言う。女性の痛みを知る人だった。眼の前で絵筆を取る師の姿は能の翁を見るようだった。座長と女優の色恋沙汰もなかった。皆あれほど「怖かった」と言いながら、同窓会には五年間ほぼ全員が顔を見せた。文楽座で出演中父が脳出血で急逝、葬儀から復帰した其の時「これからは十吾を父と思いなさい…」と。今も忘れられない一言だ。

「親（シン）は泣き寄り」、親族は不幸があれば何かと助け合いをするものと、劇団名も『家庭劇』だ。庶民の喜怒哀楽に沿った笑いと涙を提供する。「喜劇は笑えない人の笑うお手伝いをするのよ」。十吾家庭劇のスタートに際し座員に渡された紙挟みに書いてあったのは――「俳優は人生の教師である」。

私達は全盛期のソガノヤジュウゴを知らない。舞台は一期一会。ビデオテープが一般化するまでその姿は残っていない。時代の差は大きい。生活様式は宇宙規模で激変だ。明治時代は、我々昭和戦前の生活を知る人間でも異国のようだ。売春禁止法施行（昭和三十三年）。遊郭の朝ほど静かな場所はないそうで、台本を書く最高の場であったと聞く。

芸という神の授かり物を得た八十三歳の生涯は、誰かに真似できるものではない。曾我廼家十吾は、芸に生きた正真正銘の舞台人であった。

鯉登龍门

十吾から小島のぶ江への手紙

—のぶ江のメモ—

昭和四十年十月十八日
十吾自画像・ペン描き

こんな顔とちごうて
ほれぼれとする
美女のお写真
♡がもえます
葉書をいつまでも
大切にします
お母さんによろしく

補足　当時私は吉本新喜劇に出演中、自分のブロマイドを師に送ったことへの返事

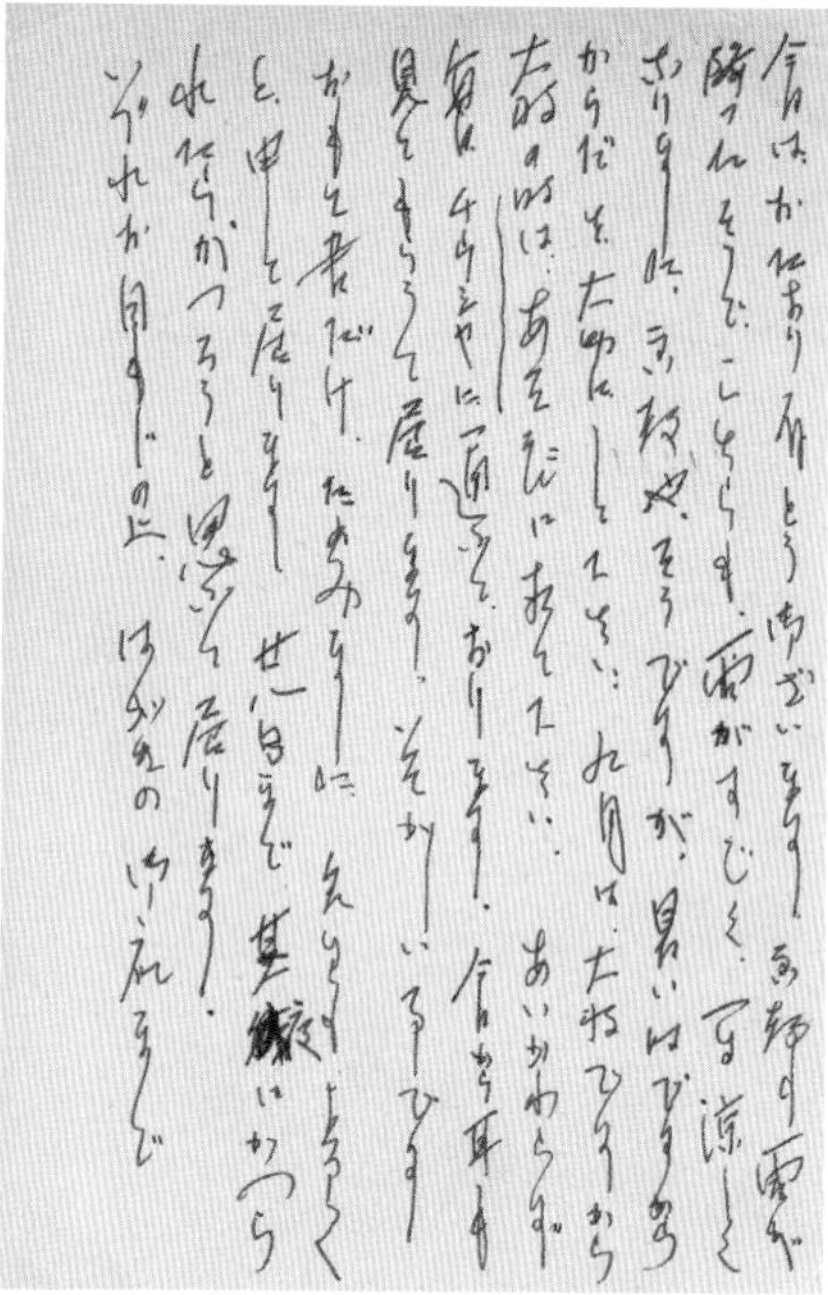

昭和四十一年八月十七日
宮子夫人代筆

今日はおたより有難う御ざいます　京都も雨が降ったそうで、こちらも雨がすごく一寸涼しくなりました。京都やそうですが暑い時ですからからだを大切にして下さい。九月は大阪ですから大阪の時はあそびに来て下さい。あいかわらず毎日チウシヤに通ふております、今日から耳も見てもろうて居ります、いそがしい事です　おもて書だけたのみました　先生もよろしくと申して居ります　廿八日まで其度かへられたらかへろうと思ふて居ります。いずれ御目もじの上、はがきの御礼まで

〈天外さんがヨイヨイから…（十吾の言葉）〉

（補足　渋谷天外師が脳梗塞から舞台復帰、京都南座の舞台を踏んだ頃（一九六七年）。私は体調を崩して吉本を退社。四条、縄手道《なわてみち》の十吾師宅を訪ねる）

〈喜劇は人助け〉

十吾師　小島さん、人を助けるのが喜劇やで。笑うことの出来ん人がある。自分ではよう笑わん人がある。笑うことが無い人がある。そんな人を笑わしてあげるんや。喜劇は人助けやの。そうやで〜。笑うのんを手伝うたげるのんや。

のぶ江　…（涙が溢れてきて困った）

十吾師　こけてひっくり返って見せるのも、筋書の上で自然に生まれる情のある笑いも、それぞれに其の人その人に必要であれば立派なことや。こける（倒れる）のが可笑しい人。実のある芝居に浸りたい人。好み好みに笑わしたげる。

（これは、演劇評論家、大鋸時生《おおがときお》氏も同じ事を言われた）

十吾師

働きながら体を治して行くように…仕事止めてしもたら体がかえって悪うなる。も一遍やるのも大事や。

〈夫婦のかたち〉（補足　宮さん（宮子、三八子とも）は十吾夫人）

十吾師　昔、十年間ほどは、宮さんは一日に二言か三言しか喋らなんだ。
「行っとおいやす」と「お帰り」ぐらい。
わたし（十吾）は二階に寝て、宮さんは下に寝た。
お金も半分半分にして、家と自分用は別にしてね。
宮さんから、いろいろ覚えたの。頓珍漢な英語。漫才のような間のよいしゃべり方。

十吾師　東日の新聞記者…名刺を置いて帰ったか？外へ出てすぐか？
（家に帰ってから、宮さんは「ヒガシニチニチさんが、と。」）
東日、トウニチ、東京毎日やがな。

十吾師　夫婦もいろいろある。二階と階下に寝るのも夫婦。ナメ合うのも夫婦。
形はいろいろあっても長いこと一緒に暮らして来られたら、もともとは他人同志やけど、もう、一つや。

〈尾崎の瘤、十吾師と喧嘩〉

（補足　尾崎倉三　脚本家　頬に瘤があった）

十吾師　十郎の弟子で在りながら、十郎と五郎の旗上げからの経緯を逆に書いてる。十郎は家も親も妻もあるし、役者としても先輩や。それを五郎が引っ張りだして来て旗上げしたいうけど、実際は反対や。五郎系の人間がそう書くなら文句ないが、十郎系の尾崎が事実をまげて書くことあらへん。

十吾師　「済まんとは思わんか？」

尾　崎　「済まんとは思わん」

（一言あやまったら済むものを）

十吾師　「自分も十郎系の人間やろ。わしを兄貴と呼ぶからは、出入りしてくれな！」て言うたの。…どないしてんねんやろ…？

宮子（夫人）　来《け》えしまへん。

十吾師　わからん奴や。
宮子（夫人）　もう怒んなはんな、死んでもたんやから。
十吾師　そらあかんわ…　ええっ⁉

（補足　平成二十六年一月七日　大阪梅田阪急古書街（杉本梁江堂）で「喜劇王五郎十郎の明暗」（尾崎倉三著（昭和三十年刊）を見つけ三千円で求む。この本のことか？）

〈やんちょ（洋車）物語の筋〉

十吾師「大発明や、大発明や、大発明や！」

「人力車！牛や馬が引っぱってたのを、人間が引っぱるのが何で大発明や？」

「人力車は糞たれへん」


支那（中国）へ輸出して儲けようと、その儘輸出したが、支那人が引っぱると、すぐひっくりかえる。（腰が高くて弱いため、バランスがとれない）改めて腰高の車輪にして輸出する。最初は十六台ぐらい売れた。大儲けする。支那へ渡る。女房は嫌がる。現地妻が出来る。日本へは殆ど帰って来ない。現地妻に子が出来る。女房は現地妻を認める。子供は日本で養育する。現地妻にできた子と、本妻の子とが初めて対面。（十吾案）

〈板ばさみ〉

十吾師　今年になって初めて、雨宮（家庭劇総務）が金を持って来てくれたの。「私は板ばさみで辛い」て雨宮が言う。わしからせつかれ会社（松竹）へお百度踏んでなら、そら板ばさみやが、会社が出した時に、それを持って来るだけなら板ばさみと違うわな。持って来る者より私の方が芝居で言うたら辛い。…芝居で無うてもつらい。

のぶ江　「芝居でのうてもつらい」にたまらず大笑い…（先生の何ともいえん言い回しに実感が加味されて）

〈今のうちの所帯の話〉

十吾師　秀哉ちゃんがわしの手許を離れてもう十年になる。

（十吾師が松竹新喜劇をとび出した時、高須文七（文芸部）と小島秀哉（俳優）を残して出た）

宮さんが「汚れた幟、一本しか立ってない」と言う。

「言うてくれたら何時でもうち（十吾）が」というと、

「幟ぐらい、言うたらすぐ十本ぐらいくれるとこがあります」と秀哉。

「今のうちの所帯で言うてるのに…」

補足　高須文七　十吾の弟子。松竹文芸部　脚本・美術を担当。『二階の奥さん』他。

小島秀哉　十吾に弟子入り。十吾退団後渋谷天外率いる松竹新喜劇に入団、一九七七年退団後芸能座に参加。

〈天外さんも、千恵ちゃんも〉（秘書が欲しい）

十吾師　天外さんが南座に来てるのに、とうとう、うち（十吾師宅）に来んかったの。浪速座の松竹寮を二月までに明け渡せ言われて、空けたのにまだ何も手えつけてない。

大阪にアパートを借りるいうたら百万近くかかる。

天外さんは五百万で車を買うたらしい。手足の不自由な人やから必要なもんやが、百万と五百万と…？

（戦中戦後、日本中焼け跡だった頃）京都のこの（十吾宅）二階に寝泊りしてたのは、何も天外さんだけやない。出世してくれただけでもええ方や。何十人いう人がここでご飯をたべてた。その人達皆今どうしているんか？わからん人の方が多い。

天外さん、来てくれんでもかまへん。あの人が本書く。私も本書く。会わんでも二人、競争で書いてゆくのもええ事や。天外さんにも千恵ちゃん（浪花）にも「世話にならん」云うて出たんやから…何も言う事はない。

…秘書が欲しい。

〈寛ちゃん（藤山寛美）が十吾先生の弟子に一万円やった話〉

十吾師　わしは二人（十吾最後の弟子、脇田（後曽我廼家文童）と今川（後いま寛大）に二千円以上やった事無いよ。考えたらわしも現役の頃はホステスにはやって来た。だから何もびっくりする事でないのに、宮さんとびっくりした。

〈吉本を辞めたのぶ江の愚痴には〉

十吾師　柔らこう（芝居を崩すことらしい）したからて、客に親切とは限らんの。私生活を舞台で魚にする事は、座長クラスの人間が千秋楽の一日ぐらいは許される。

のぶ江　猥談、色ばなしのアドリブに、もっと無邪気でいられへんの？女の乗れる話と、乗れない話があります。

十吾師　わしら、もともと「俄」の人間やから…「切手とかけて、女郎の桜紙と解く」心は「濡らしてつかう」。若い人にはわからんけど…

戦争中、臨検席の巡査に、わからんようにエロを入れた。

（補足　戦時言論統制により、劇場後部に高い席を設けて警察官が監視していた）

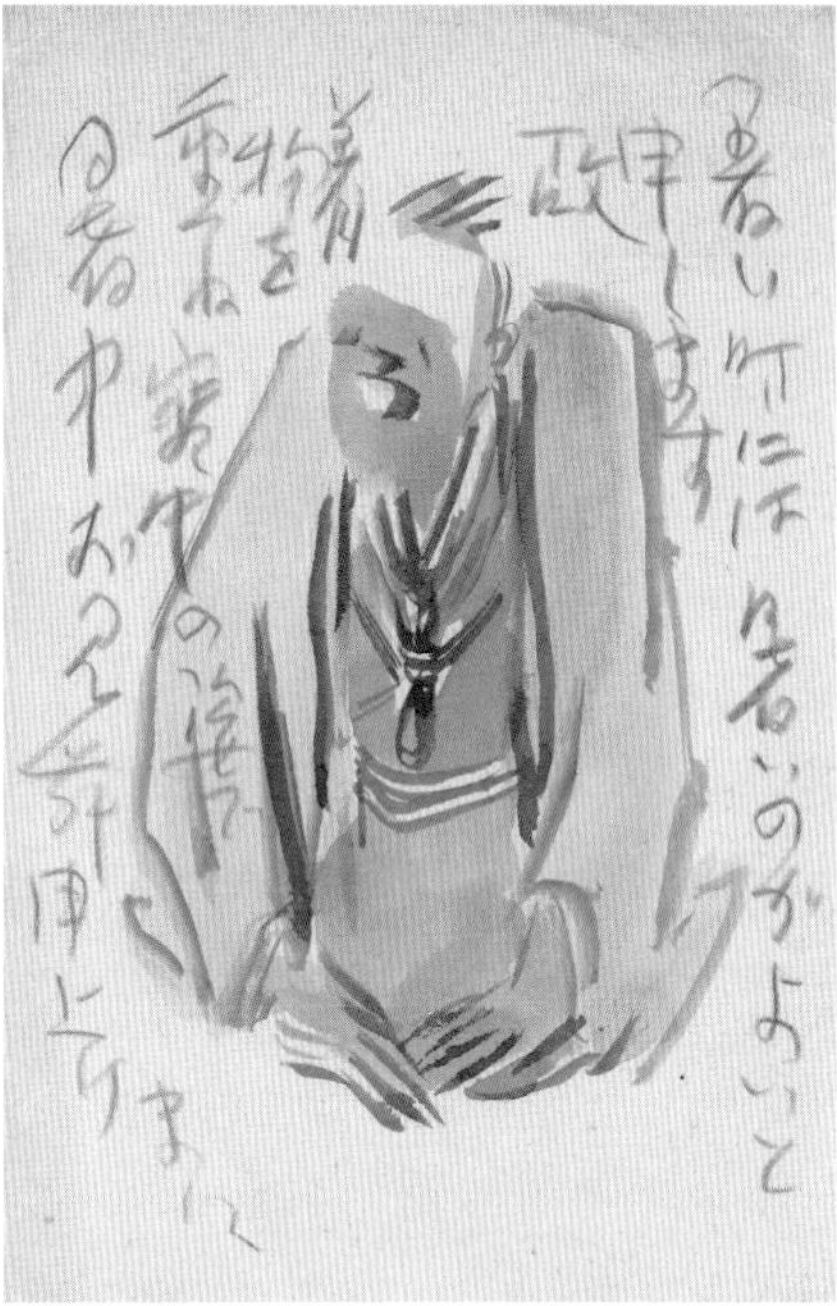

昭和四十三年七月三十日

暑い時には暑いのがよいと
申します
故
着物を
重ね寒中の姿で
暑中お見舞申上げます

昭和四十四年一月一日

新春進歩
筆もつ元気がでましたので
十吾
にわとりは
笑ふのがすき
滑稽好!!

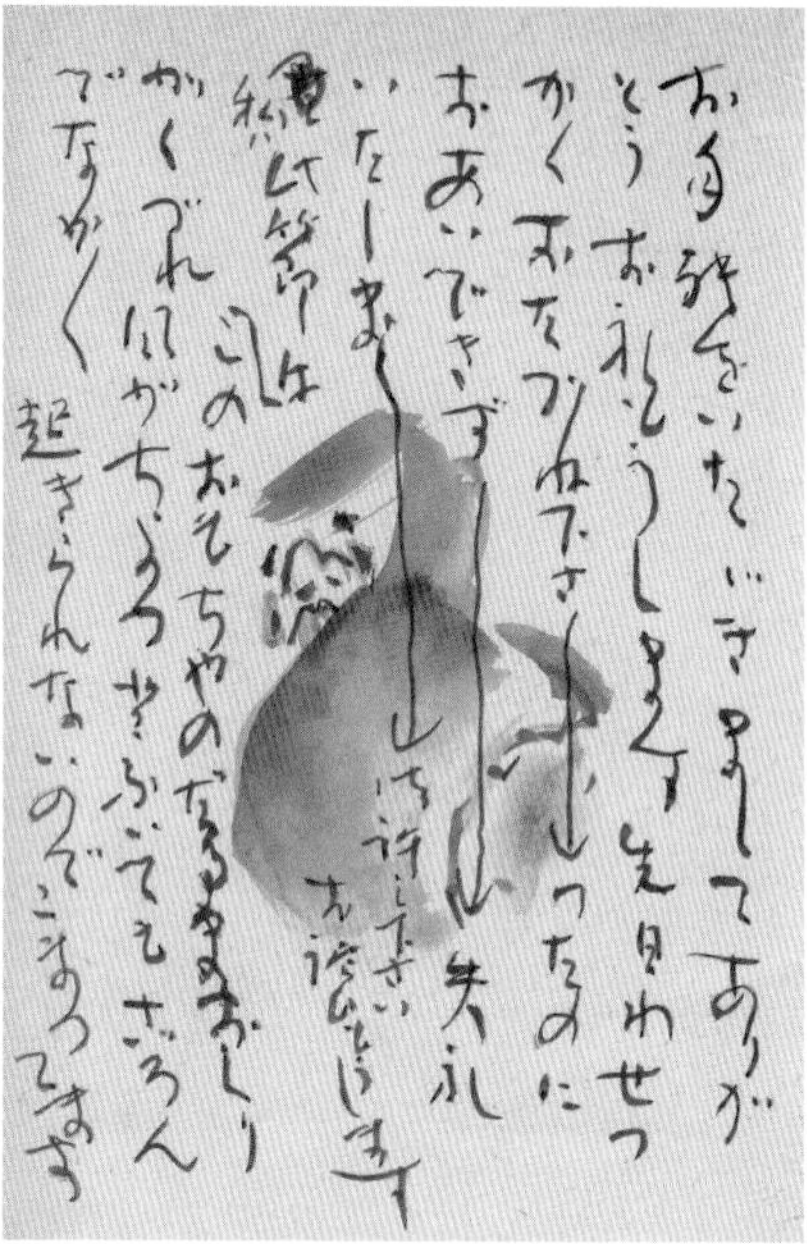

お手紙いただきましてありが
とう お礼もうします 先日わせっ
かくおたづね下さったのに
おあいできず 失礼
いたしまして 御許し下さい
お詫びもうします
私ハ此節は このおもちゃのだるまのおしり
がくづれ 風がちょっとふいてもころん
でなかなか起きられないのでこまってます

昭和四十四年二月三日

お手紙いただきまして　ありがとう　お礼もうします
先日わせっかくおたづね下さったのに　おあいできず
失礼いたしまして　御許し下さい　お詫びもうします
私ハ此節は　このおもちゃのだるまのおしりがくづれ
風がちょっとふいてもころんで　なかなか起きられな
いので　こまってます

昭和四十四年
十一月二十一日

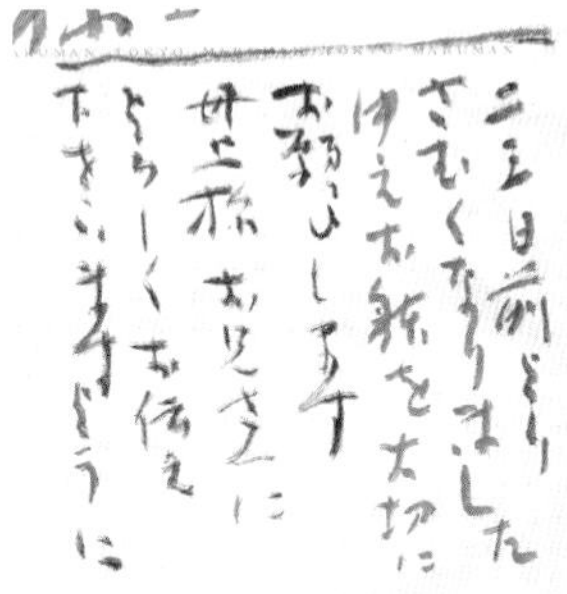

おてがみありがとう　ながめの
よいとこえ引越されてよろしい
ですな　わたしは若い人に誘は
れても　この通です
びよきからぬけ出るようにき
ばっています

二三日前よりさむくなりました
ゆえ　お躯を大切にお願ひしま
す
母上様お兄さんによろしくお伝
え下さいますように

〈十吾師、子供の頃の話〉（昭和四十四年十二月　小さいメモ用紙に書いたもの）

（本名　西海文吾　明治二十四年十二月四日　神戸市生）

十吾師のお父さんは加古川の近くの出だという。神戸で「郵信日報」（又新日報）が発行される時、その販売をうけおった。（他に「国民新聞」、「万潮報《ばんちょうほう》」）

楠公さん（湊川神社）の西門を出た処の橘小学校に通学。

同級生には活動屋の高橋（日本最初の映画上映は、明治二八年神戸花隈神港クラブ。映画を輸入した高橋真治の息子）、新開地聚楽館主壷井の息子。松本座（新開地の映画館「ええとこ、ええとこ聚楽館・悪いとこ悪いとこ松本座」（子供達の戯れ歌））のナホ公。鉄砲屋は居留地の舶来品屋。かの松方男爵も橘小学校。後輩力善《りきぜん》博美は新開地の有力者（「映画の友」淀川長治や東和映画（川喜多夫妻）を後援した）。職住同所の頃、すごい学友達だ。

小学校は四年生を二回行ったが卒業証書は無い。

（補足　明治のこの時期小学校は前期四年、後期四年制であったと思う）

教室から劇場の楽屋が丸見えで、学校の石垣の穴をくぐって芝居小屋に入りこんだ。歌舞伎や新派芝居の子役で舞台に立った。

この時分千両役者と言えば、ほんまに千円取れる役者であった。

自転車が輸入されて（ピアス、シンガー）、父にシンガーを買ってもらってレースに出た。五郎池十郎池（神戸市平野）を埋め立てた跡地で、自転車レースが行われたが、少年の時ここで左膝を怪我した。

新聞配達をさせられた。父親と喧嘩して「泣き言をいうな」「死んだるわ」…と井戸へ飛び込んだ。近所の人が梯をおろしてくれて、それに掴まると、親爺が「死にたい言うて飛びこんだんやから、死なせてやってくれ」と又抛りこまれた。近所の頭《かしら》、清水音吉という人が「わしの足につかまれ」といってくれたが届かず、つるべが落ちると碇であげた。幸い井戸の中の縁に輪が出来ていて、どうにか上り、相生座（新開地）の裏にあった熊谷病院で寝かしてもらった。布引の所に湿布屋があって療治に行った。

（補足　新開地は旧湊川をトンネルを掘って西へ流し、埋め立てて出来た。明治三十九年相生座が始めで芝居小屋、活動（映画館）寄席、演芸場、勧業場（百貨店）、キャバレー、飲食店など二十数軒が建ち並び、戦前は「東の浅草、西の新開地」と並び称される歓楽地であったが、空襲で焼け野原になり、戦後は進駐軍の兵舎に占拠され寂れた）

有馬道と、楠公前の家に養子にやられた事もあったが、続かず逃げ帰った。

播州蔵《ばんしゅうぐら》　楠公さんの傍の土地が一区画、六百円で売りに出ていた。（二見《ふたみ》という人が播州出身で、帰郷したため。神戸は播州出身者が多い）

夏目漱石、正岡子規は鹿鳴館からの風潮を嘆き、もう四十年も経てば、日本は英語圏になると憂えた。

外人居留地は警邏の巡査が、鉄のすりこ木のような物（警棒）を持って見張っていたが、アベさんという六十歳ぐらいの人に可愛がられ、日曜日に開かれる外人劇場に入れてもらい、籠に入ったパンを貰った。当時三宮にロシア・パン屋が一軒あった。

（補足　十吾の芝居には母ものが少ないように思う。勿論第二次家庭劇以外の知識は無いが、お婆さんが主役になれば出番は少ないか…十吾の謎である）

弁天浜は仲士たちの煩い所であった。

（補足　神戸は江戸時代末黒船来航により開港して、平成二十九年開港百五十年を迎えた。兵庫神戸は昔より天然の良港で、平安時代平清盛が整備した。戦前は神港とも扇港とも言われ、戦後は「株式会社神戸市」と言われ、裏山を崩して埋め立て三つの人口島をつくり出した。現在は近代コンテナ完備。機械化。仲士の姿はない）

九つの時から色々な仕事をして生計を立てて来た。

川崎製鉄や鷹取分工場へも働きにいった。

「私は人の二倍も三倍も生きている。

そして死なないの。」

〈十吾師、野球の話〉　（昭和四十四年十二月　小さいメモ用紙に書いたもの）

野球ダイヤモンド・チーム。大正初年にプロ野球団結成の機運は既にあった。十吾の劇団は強くてセミプロ級であったが、新国劇には歯が立たなかった。鹿児島鴨池のしょうごんチーム（?）は強かった。其の時にかぎって三塁手と交代した。ちょかちょかしたランナーで、はさんだ挙句、十吾の顔にボールが当たり耳から出血…舞台に「この顔では…」と挨拶し九ヶ月休演した。若い者（劇団員）が働いた金を送ってくれたが、その金をまた持ち逃げする者が居た。

〈国を切る〉

十吾師　瀬戸内海から日本海を切ろと思もた。

のぶ江　はぁー?…

十吾師　国を切る!

のぶ江　どこを切るのですか?

十吾師　運河みたいにしてね、そしたら神戸はもっとハイカラになる。三田(サンダ・現三田市)の方はえらい田舎やったの…
大きな橋かけてね!

〈笠屋町の柳屋・和紙〉

（昭和四十五年一月二日）

（平成二十七年四月二十六日、雑記長「よい子」の中から発見））

十吾師　心臓の薬の飲みすぎかも知れん。
浮世のさまなのよ。早よ名前売ってお金が欲しい人、自分を売るため一生懸命なんは咎めてはいけない。

笠屋町の柳屋。今は無い。役者の絵や書を専門に売っていた店もあったわ。
此の間京都の大学堂で私の葉書が三千円で出ていたと聞いた。
昔支那の何とか？の高価な紙を貰たけど、殆ど描きつぶしてしもた。
高須さんが持って来た二百枚の紙は描く気しない。
昔は芝居がはねると、三時間ほどの間に百五十枚ぐらい描きつぶした。

（補足　「浮世のさま」はオッペケペーの文句）
（補足　「柳屋」（大阪南で演劇関係の資料やブロマイド等を扱っていた店）古書籍案内に雑誌「柳屋」があり、二二号「道楽の巻」二八号「小唄の巻」五六号「啄木の巻」六二号「子規特集号」など…。

補足・儘にならぬは、浮き世のならい…おっぺけぺー　川上音二郎

ままにならぬは浮き世のならい…
金の指輪に金時計
紳士淑女のいでたちで
権門貴顕に膝を曲げ
取り巻き帮間に金を撒き
地獄で閻魔に面会し
賄賂つこうて極楽へ
「行けるかえ」
「いけないよ」
オッペケペー
オッペケペッポ　ペッポッポー

一世を風靡した「オッペケペー」。

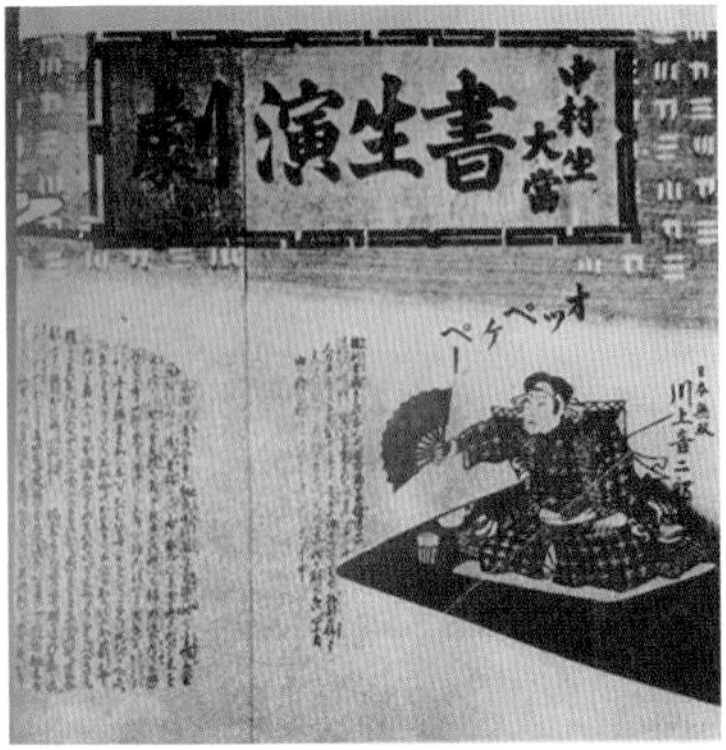

赤い陣羽織に白鉢巻きの川上音二郎は九州福岡博多の生まれ。十四歳で上京。慶応義塾の塾僕から京都で警察官、大阪で落語家の弟子、自由民権運動全国遊説、投獄百数十回。書生俄、壮士芝居の幕間に座員総出で歌って大評判になる。

明治三十一年衆議院選挙（有権者が国税十円以上納付者のみ）、得票二票で落選。

妻の貞奴とボートで太平洋横断に乗り出し台風?あしかの群れ?にも遭遇…神戸に漂着。

神戸で興行師に巡り会いアメリカへ。サンフランシスコ、シカゴ、ニューヨーク公演、貞奴は「娘道成寺」を踊り日本人女優一号となる。

出し物「板垣君遭難実記」「楠公桜井の決別」「切腹」など。

ロンドン、パリにも折から「万国博」にも出演。大成功、国賓待遇を受ける。

旧派歌舞伎に対して新派劇を盛り立て、正劇と銘打ってシェークスピアの翻案、「オセロー」「ベニスの商人」童話劇など上演、また貞奴と女優養成所を設立する。

明治四十四年大阪北浜に自己の資金をかたむけ、洋式全椅子席の劇場「帝国座」を建設。

十一月十一日、この舞台で音二郎は破天荒の生涯を閉じる。葬儀は「全新派葬」として大阪天王寺一心寺で行われた。東西の新派俳優全員が会葬。大阪角座、老松座、京都明治座、神戸相生座など休場。汽笛が聞こえる所が良いと言って境内を提供した博多駅の傍の承天寺に眠る。日本演劇の大恩人なのだが、スケールが異常に大きくて一部で疎まれる。十吾にも「国を切る…」発言がある。戦前台湾、朝鮮に興行もし、日本国内でも人情に厚い九州が好きで十年余り興行。頭山満、鈴木大拙ら並外れたスケールの持ち主に私淑。現代（共産党中国）の雑誌も取り寄せていた（阪大寄贈）。

第二期家庭劇旗上げの時、座員新人達を前に開口一番、

「喜劇は新派の一流で曾我廼家は正統の喜劇だ。」

天下国家を論じ人々を啓蒙し義理と人情を解き、笑わぬ者を笑いに誘い、笑えぬ人を促し、頑固者と闘い、意地悪の輩には涙しながらも知恵をしぼり、神を頼り…奇想天外…しぐさに天与の風貌、体格強烈の個性に根性を加え…一本の信念を通し切った一生であった。

〈鈴木大拙・菊池寛・茶道〉

十吾師　鈴木大拙さん以外の人は、失礼だけど認めない。

（補足　大拙、禅僧　一八七〇～一九六六、金沢出身、二十七歳で渡米。西田幾多郎と親交があり、英語で世界に禅を広める）

（補足　京都南座の十吾師の楽屋に北陸の禅寺「興国寺」の稲葉心田老師が見えた事がある。古い友人らしい。舞台では「良寛さん」が演じられ、土地の有力者の道楽者の若旦那役は高村俊郎（映画「切腹」など出演）、後年彼は師の言葉が不可解だったと述懐している。良寛さんと遊ぶ子供たちは旗上げ以来の家庭劇名物、小柄の女優がつとめ、子役は不要であった。私は女中の役で出演。）

…菊池寛さんの気持は解る。だから「父帰る」を想定して「親爺の極道」（家庭劇）を書いたの。長男は父の子では無いかも知れないと、父を信じない。娘の純情がハッピー・エンドを招くのを、甘いとけなす人がいてるけど、素直にそれを喜ぶ気持が尊いのとちがうか。

私は「他人に親切な結末ですね」と言っている。

十吾師

茶道は嫌い。痺れがきれるし、戦国時代の政策上から生まれた濃茶のまわし飲みは今の感覚では不潔。布巾も汚らしい。

欠伸やおならが出来ない処へは出たくない。表さんが人に物を遣るのに投げたのを見て私は「あー…」と思もた。

それに何でも褒めんならんのも阿呆らしい。

ふっくら頬に
にこ毛が笑ふ
言いようも無きうすき手の
眼には迷いの残れども
悩んでこそ人　　のぶ江

日付なし　桜の樹の下に立つ黄色いカーディガンの女性
（書き損じ、葉書の上下逆さま）

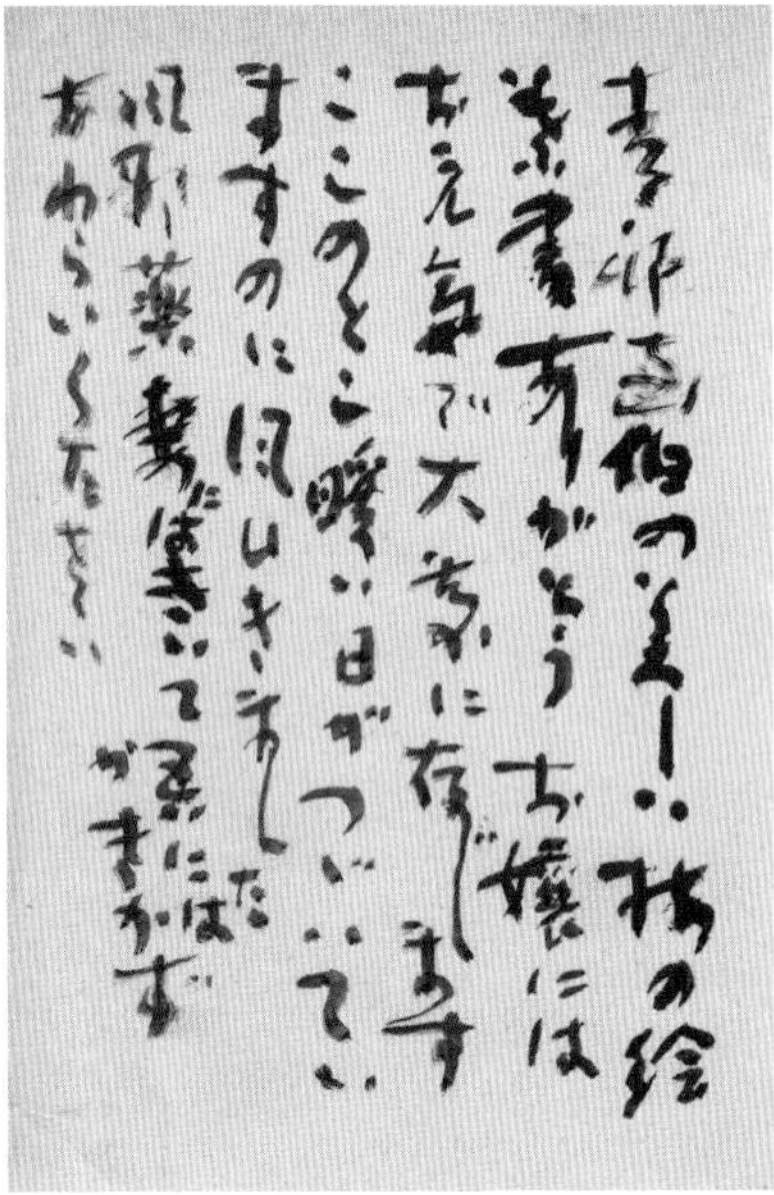

昭和四十五年二月二十三日

青邨画伯の美しい梅の絵葉書
ありがとう
お嬢にはお元気で　大慶に存
じます
ここのとこ暖い日がつづいて
いますのに風ひきました
風邪薬　妻にはきいて
吾にはきかず
おわらいください

笑いのパピリオン

昭和四十五年五月十二日
京都南座にて
（表書きは高須文七氏）

来月ハ中座の
新喜劇へ出演します
どうぞ相変りませず
お引立のほど
お願い申し上げます

暑中見舞い有難う
花もよし
実もよし桃の
甘い味

十吾

昭和四十五年七月二十七日

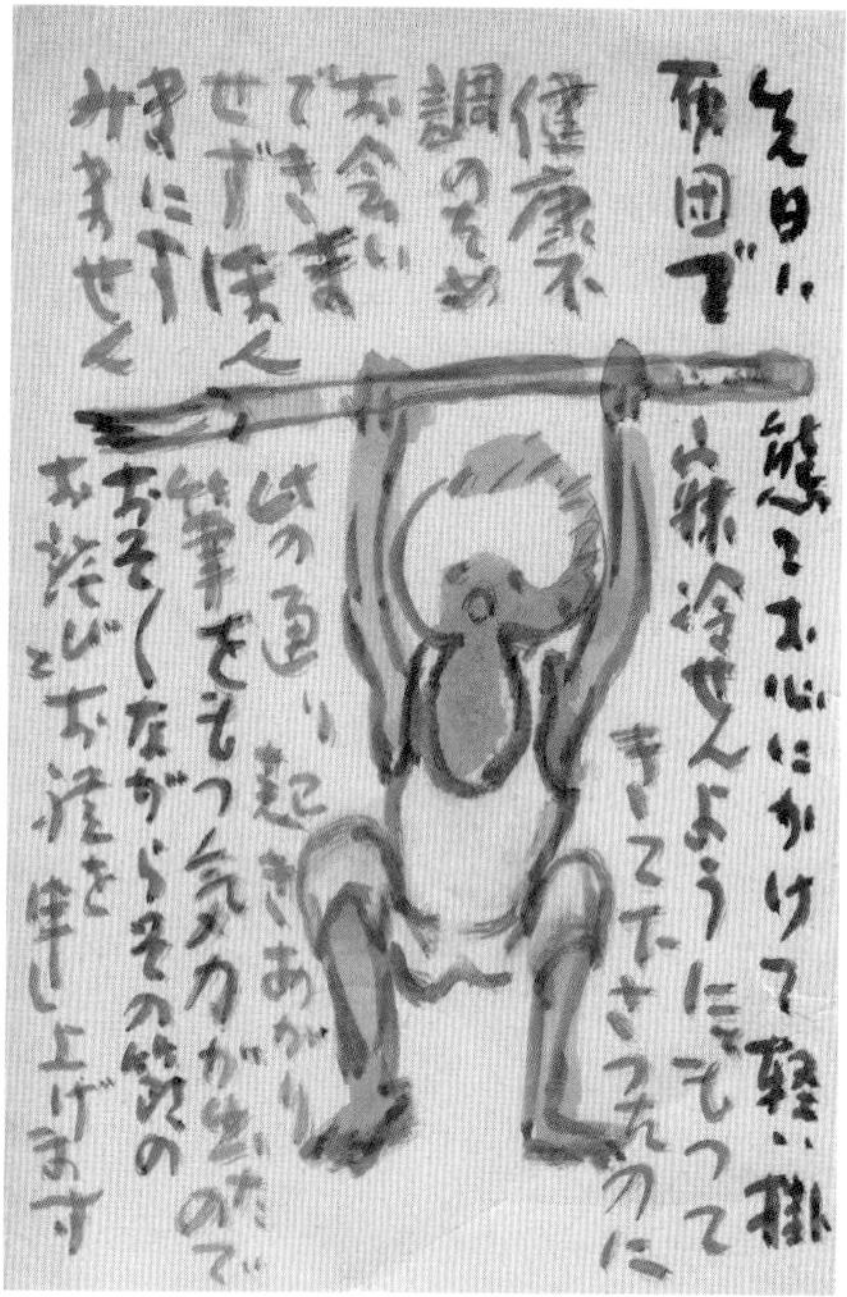

昭和四十五年八月二十日

先日ハ態々お心にかけて、軽
い掛布団で寝冷えせんように
ともってきて下さったのに
健康不調のためお会いできま
せず
ほんまにすみません
此の通り起きあがり
筆をもつ気力が出たので
おそおそながらその節のお詫
びとお礼を
申し上げます

nonsense

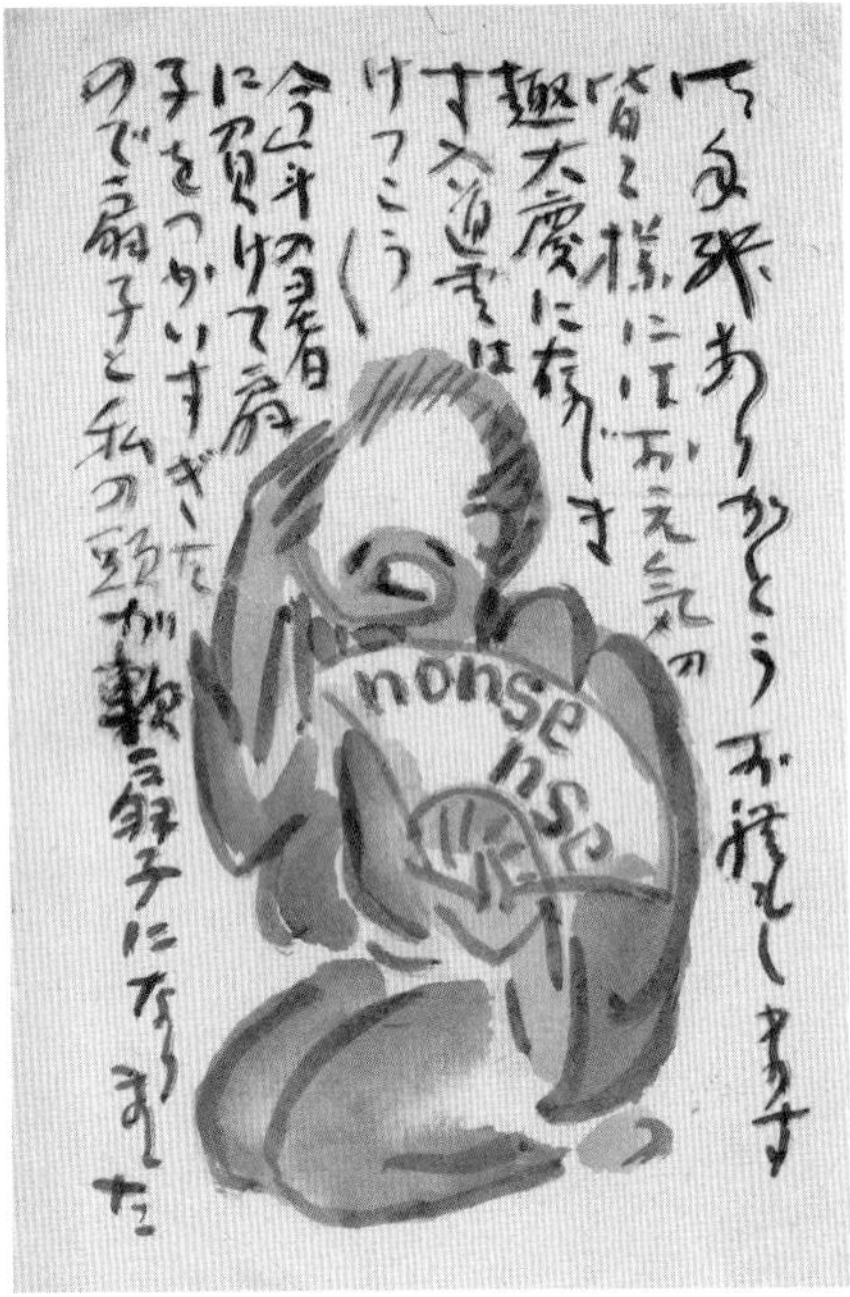

昭和四十五年八月二十五日

御手紙ありがとう　お礼もし
ます
皆々様にはお元気の趣　大慶
に存じます
入道雲はけっこうけっこう
今年の暑に負けて扇子をつか
いすぎたので　扇子と私の頭
が軟扇子になりました

阿けまして　おめでとう御座います

亥年元旦　大阪道頓堀中座にて

昭和四十六年一月一日

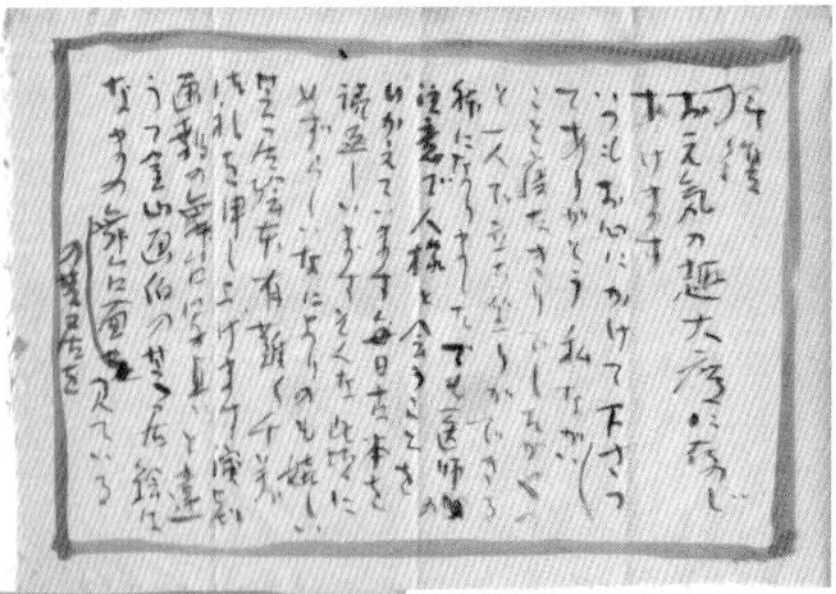

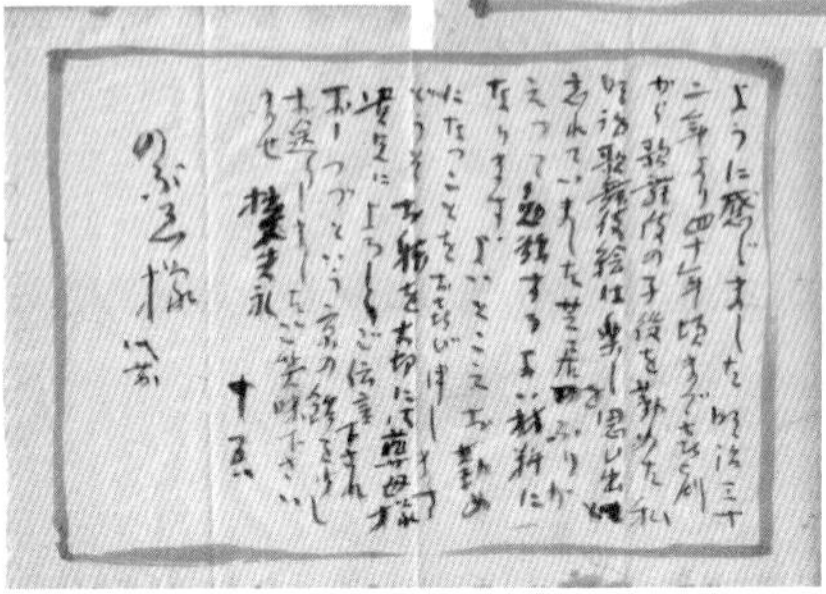

補足　おーつづ「大砲」
京都の名産飴菓子

拝復
お元気の趣大慶に存じあげます
いつもお心にかけて下さってありがとう　私ながいながいこと寝たきりでしたが　やっと一人で立ち座りができる様になりました　でも医師の注意で人様と会うことをひかえています　毎日古本を読み返しています　そんな此頃にめずらしいなによりのも　嬉しい芝居絵本　有難く千万御礼を申し上げます
演劇画報の舞台写真と違うて金山画伯の芝居絵は　なまの舞台面の芝居を見ているように感じました　明治三十二年より四十年頃まで　喜劇から歌舞伎の子役を勤めた私　明治歌舞伎絵は楽しい思い出と　忘れていました芝居をふりかえって　勉強するよい材料になります　よいとこえお勤めになったことをお喜び申します
どうぞお軀を大切に　ご尊母様貴兄によろしくご伝言下され　おーつづという京の飴を少しお送りしました　ご笑味下さいませ　拙文失礼
十吾
のぶゑ様　御前

金山平三　描
（神戸花隈在住の洋画家）

いつも
ご親切に
ありがとう
御元気のおんこと
大慶に
ぞんじあげます
絵本とてもうれしい
そのなかの
栖鳳の草相撲

昭和四十七年三月十一日

〈宮子夫人倒れる〉

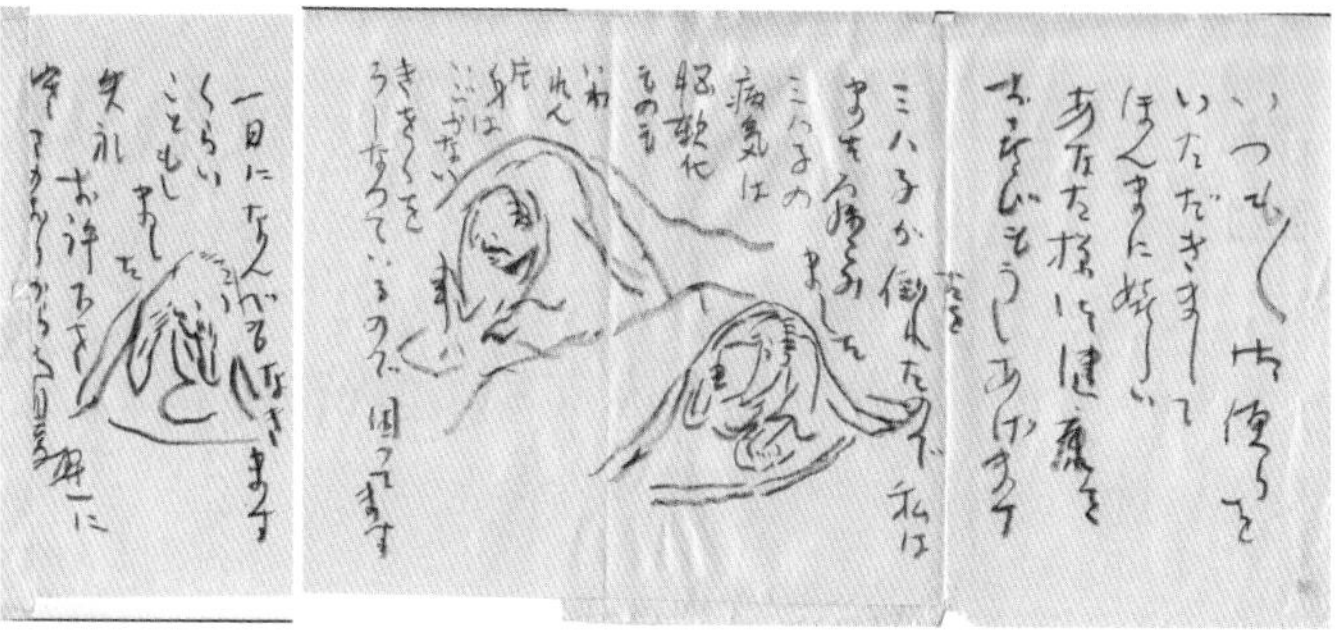

いつもいつもお便りをいただきまして
ほんまに嬉しい
あなた様御健康を
お喜びもうしあげます
三八子が倒れたので私は
また寝こみました
三八子の病気は脳軟化症
ものもいわれん
片身はいごかない
きをくをうしなっているので
困ってます
一日になんべんも泣きます
くらいこともしました
失礼お許下さい
寒さのおりからご自愛専一に

昭和四十七年十二月九日

補足　中村不折『不折俳画』
(明治 23 年)

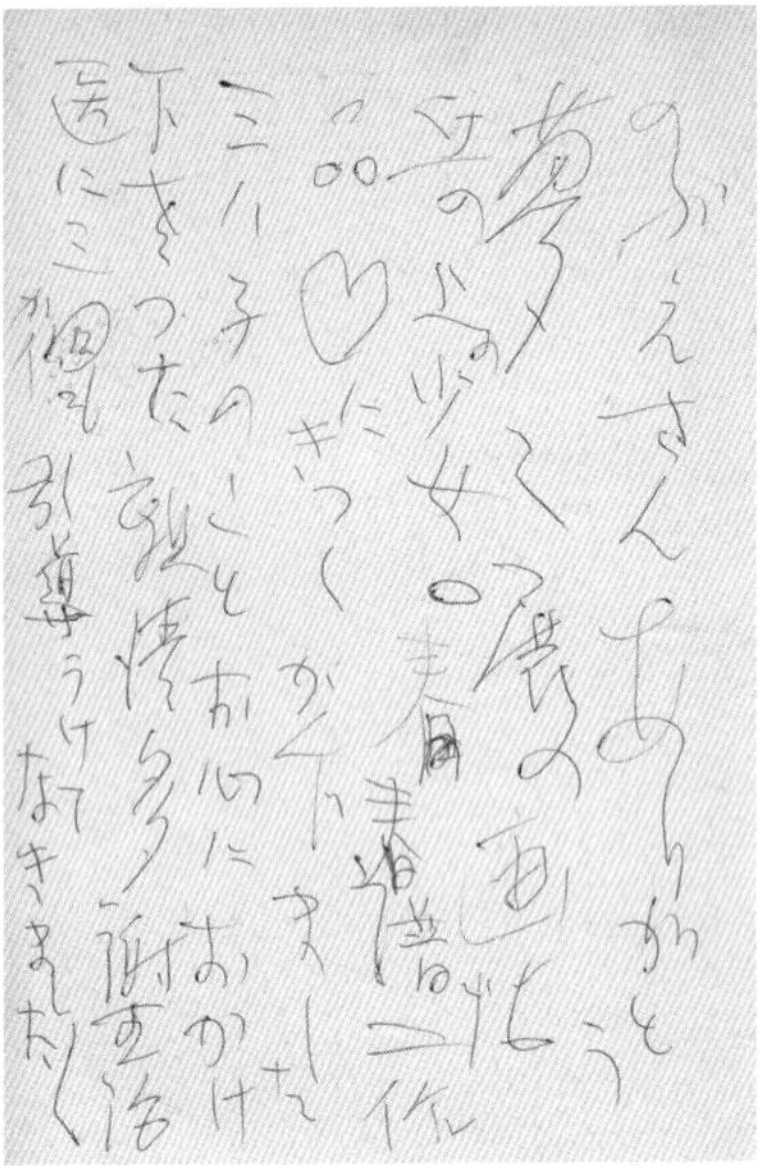

のぶえさん　ありがとう
夢二展の画帖
丘の上の少女　青春譜二作品
♡にきつくかんじました
三八子のことお心におかけ下
さった親情多謝
主治医に三回も引導うけて
なきました　泣きました

昭和四十八年二月九日

〈宮子夫人脳梗塞で亡くなる　梅光院円譽芳都大姉道〉

（昭和四十八年二月十一日）

（夫人の葬儀は京都の自宅で行われた。何はともあれお参りせねば…玄関を入ると、階下に松竹の会社の人々が、二階に石井均、高田次郎ら家庭劇座員が詰めていて、鈴木宗夫氏に「先生は二階や、行ったげて」と言われ階段を登り掛けたが躊躇、外へ出て表通りから二階を見上げると、出窓に腰かけた師の姿があった。目礼して去った）

（補足）石井均　一九六一年松竹家庭劇に加入。その後松竹新喜楽座の座長に就任。弟子に伊東四朗、財津一郎、西川きよし等。

高田次郎　神戸道化座、松竹新春座を経て一九五七年松竹家庭劇。その後松竹新喜劇所属。

鈴木宗男　松竹本社重役。

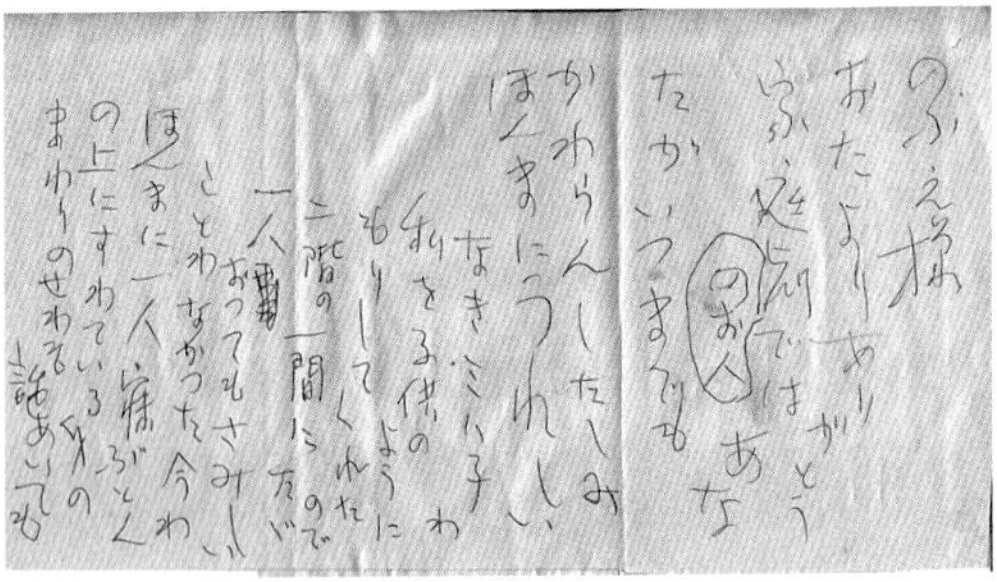

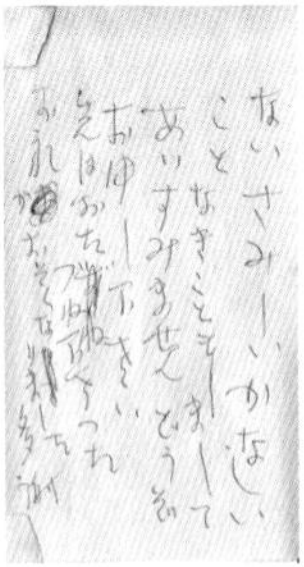

のぶえ様
おたよりありがとう　家庭劇のお人では　あ
なたがいつまでも　かわらんしたしみ　ほん
まにうれしい　なき三八子わ　私を子供のよ
うにもりしてくれたので　二階の一間にただ
一人おっても　さみしいことわなかった　今
わほんまに一人　寝ぶとんの上にすわってい
る　身のまわりのせわも　話あいても

ない　さみしい
かなしいこと　なきこと　もしまして　あい
すみません　どうぞおゆるし下さい　先日お
たづね下さったお礼がおそくなりました

多謝

曾我の家十吾

昭和四十八年二月二十六日

昭和四十八年三月十三日

おゆるし下さい
さみしいのです
病床で
頬ぬらす
加茂の家

西海十吾

京都は寒い日日ですが
御地どうです
御元気ですか　私はさみしい
このニカイの窓から　男女く
べつのつかん　お人を見かけ
たツ

西海

昭和四十八年三月二十日　ハガキ二枚

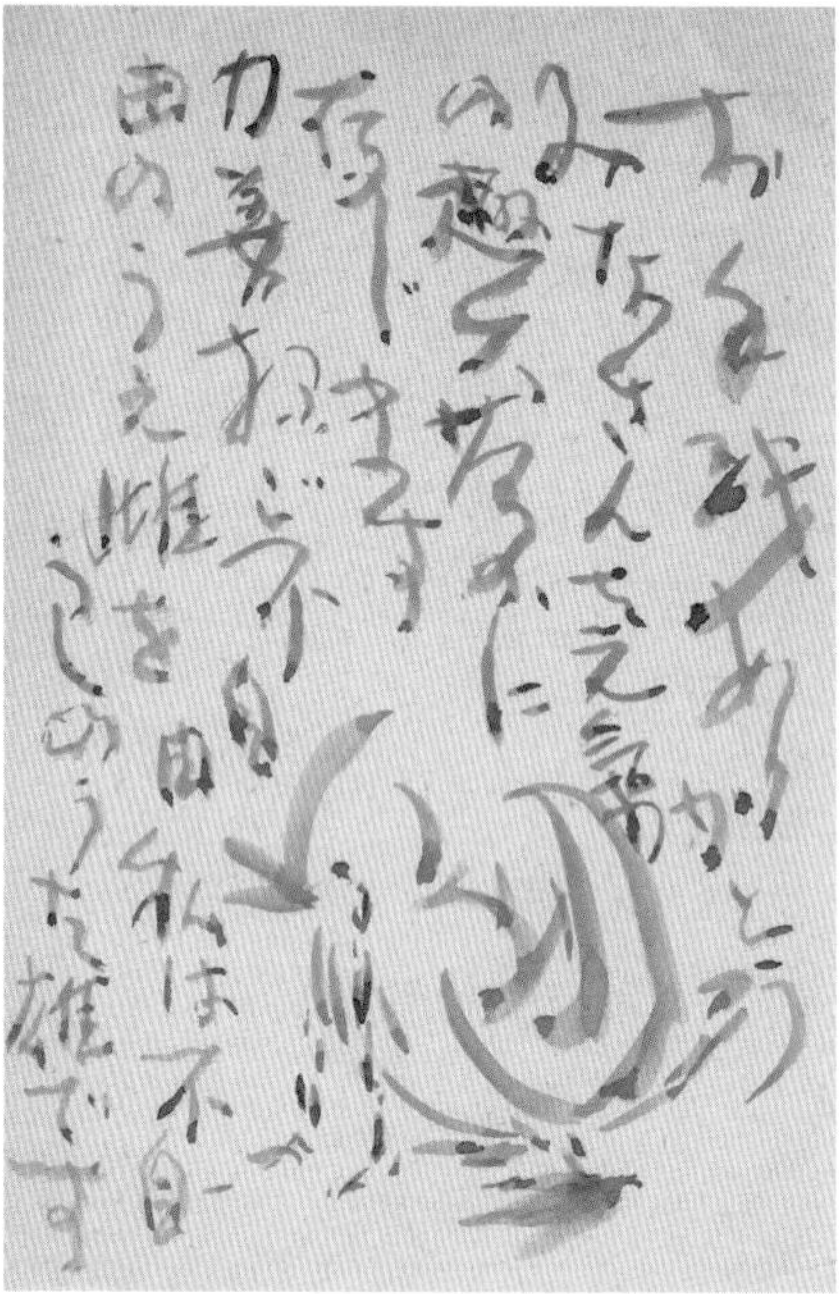

お手紙ありがとう
みなさん御元気の趣
大慶に存じます
力善様ご不自由
私は不自由のうえ
雌をうしのうた雄です

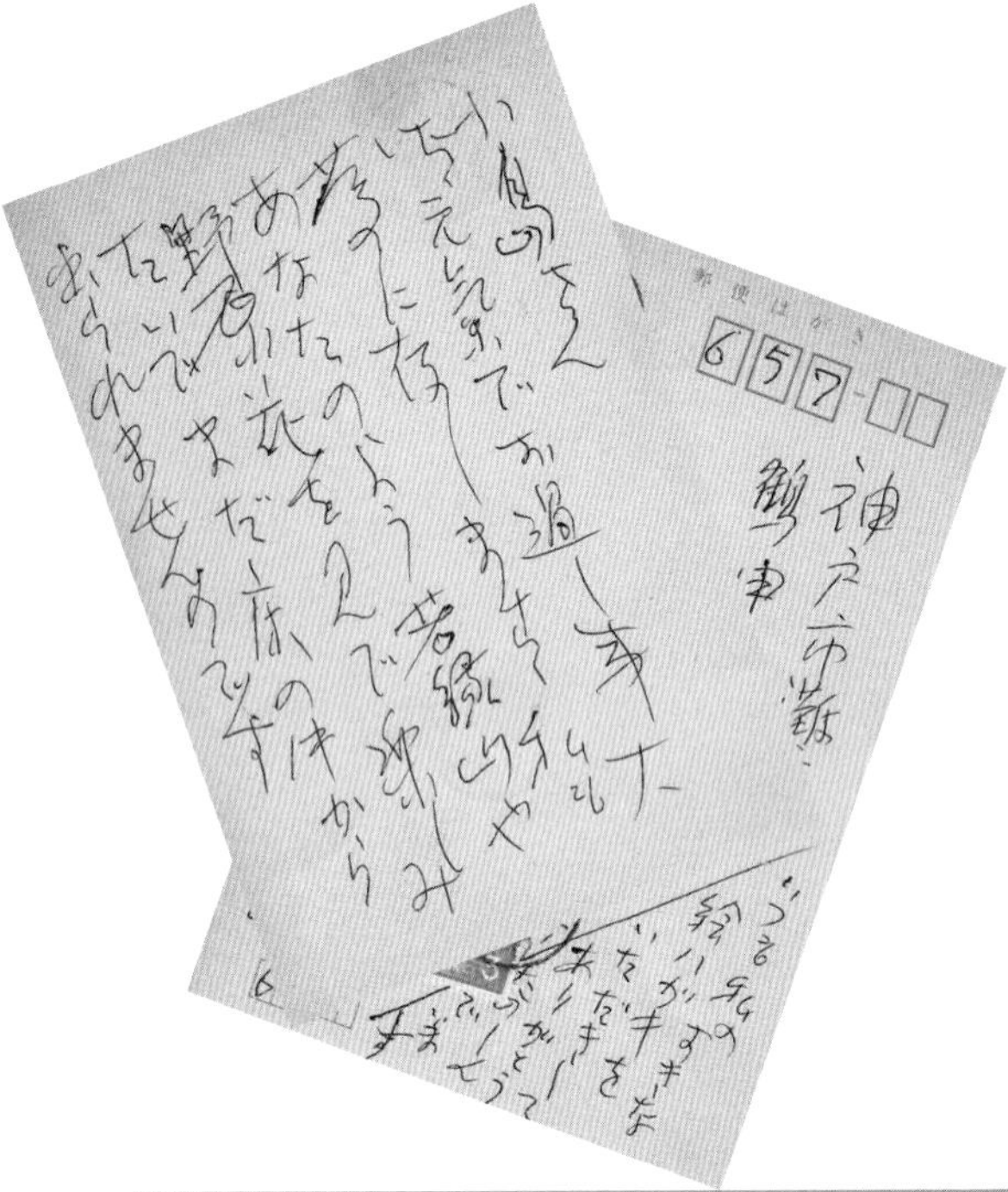

小島さん　御元気でお過し
事　大慶に存じます　私も
あなたのよう　若緑　山や
野原
花を見て楽しみたいです
まだ床の中から出られませ
んのです
いつも私の好きな絵ハガキ
をいただきまして　ありが
とう　たのしんでいます

昭和四十八年
五月十四日

〈死に下手〉（昭和四十八年七月四日　（兵庫県立近代美術館を早引けして京都へ、午後三時頃より六時半頃まで））

十吾師　通いの家政婦さん、ご飯の用意や何か、どないしてええか解からへん。私かて困る…。

唄啓さん（京唄子、鳳啓介）の芝居（南座）に出てた二ノ宮ちゃん（富士子）が二晩ほどいてくれた。高須さんがご飯炊いてくれたり…男の友達は高須さんだけになってしもた。

モリタさんいう人がいてたけど去年死なはった…（俯いて…言葉がとぎれる）

（補足）京唄子　漫才師。一九五六年鳳啓介と「唄子・啓介」結成。女優としても活躍した。

鳳啓介　漫才師、俳優。唄子啓介劇団旗揚げ。多数の映画にも出演。

二ノ宮富士子　十吾家庭劇女優。

〈「ウィーン幻想美術展」近代絵画の気味悪さ〉

のぶ江　今うちの美術館の「ウィーンの近代絵画」は気味悪いです。

十吾師　劇画はええけど漫画は不愉快やの。

黒岩涙香の小説から芝居にした。

科学が進んで人間は皆天国へ行ってる。「四季があった方がええなあ」とか「働きたいなあ」とか言うて下界を眺めてる。

下界では動物たちが、人間がしていた様な事をしてる…。

（のぶ江、結末を忘れる）

SF的芝居でも、九州のファンはどんな冗談も受け入れてくれた。同じもんを大阪へもって来てやると、簡単な軽い冗談でも二回言わな判れへん。

「谷底へ身投げした」

「えっ？樽底へ水入れた？」

「深い谷やがな」「はあ〜…」

〈「鼻の六兵衛」は、私（十吾・茂林寺文福）が書いたの〉

曾我廼家五郎、十吾、寛美、娘の直美とくり返し上演される『鼻の六兵衛』は初演当時曾我廼家兄弟劇の文芸部にいた十吾の筆になる。余談ながら多くの脚本を五郎に提供した報償に京都の家を貰ったと言う。旗上げの年の十二月に文楽座で上演され、私は御殿の場で六兵衛が鼻を洗うお世話をする腰元の役をしたが、十吾の芸が細かく丁寧である事に思わず見入ったのを覚えている。『鼻の六兵衛』大詰め歌舞伎仕立の御殿の場、有馬玄馬頭は中村太郎（父は中村魁車）、家老諸士腰元が居並び、「四書五経はさて措きて碌に名前も読めぬ身が…」と割り台詞。「苦も無く覚えましょう」と締める六兵衛の晴れがましさ。正統の喜劇を志す十吾、家庭劇の舞台は圧巻であった。

令和四年八月神戸新聞に、丹波篠山真南条の鼻の助太郎さんが殿様の刀を探し出し屋敷を賜わったという民話が紹介されており、これを元にした作品であろう。

〈万太郎が、章太郎を殺した〉

のぶ江　役者はテレビで実年齢相応の役で出てますけど、舞台で実年齢より若い役をすると、客が笑うんですよ。

十吾師　…テレビが出来て、ええ芝居が無うなった。久保田万太郎が、「ふけ役せえ、立ち役せえ」言うて花柳章太郎の花まで殺してしもた。見た目が可笑しいても芸を見てやらないかん。観客は芸を見てやらな。役者は一生懸命、死ぬまで工夫してんのやから。

（補足）久保田万太郎　小説家、劇作家、俳人。築地座を経て文学座創立に参加。新派、新劇、歌舞伎と多方面に活動。

花柳章太郎　新派の役者。新派の復興に尽力、新派大同団結以降は座頭となり、初代水谷八重子と次々に傑作を輩出した。

補足・NHK古典芸能

新派花柳章太郎「夕霧」（作・川口松太郎）の舞台中継。

劇評家渡辺保氏が若き頃花柳の「夕霧」に魅され芝居にはまったと言う。

その席に現新派で「夕霧」を演じた波野久里子が同席。女形の役を女優が演じるに当たって、彼女の父十三代中村勘三郎が、章太郎の演技をつぶさに覚えていて彼女を指導したと言う。

女形と女優の演技は次元の異なるものだと思う。やはり新派の「日本橋」の舞台と映画を較べると、女盛りの女優の生の肢体に演技は要らない。若さを失ってからは演技の習練が物を言う。映画とテレビを較べるとその工夫すら無用かも？花柳の厚ぼったい大柄な体と新潟弁の女郎は喜劇的でもある。十吾も女形だ。お婆さんに扮した師は機嫌の良い時はよく空目《そらめ》をした。勘三郎もそうだったが兼ねる役者には深い芸の喜びがあっただろう。初代水谷八重子は、中性的に可愛く振舞って観客を魅了した。

（二十六歳でこの世界に入った私の夢は水谷八重子だった。私は忘れていたが十吾師は覚えていて、私が引退した時言葉にされた）

〈御殿場に十郎さんの別荘があって・・・関東大震災の時〉

体を揺らしている十郎師に、弟子が「何してはりまんねん？」「こないして揺れてたら、地震わからへん…」は有名な話。

（補足） 曾我廼家十郎は初代中村吉右衛門の父、中村歌六の弟子で中村時代《ときよ》と言う女形であった。青年歌舞伎で人気沸騰、名門の尾上菊五郎と菊吉時代を築いた吉右衛門が、父の弟子十郎を引き立てた。曾我廼家喜劇を確立した五郎十郎、こってりした芸風の五郎に対し、飄逸さらりとした芸風の十郎は東京で人気を博す。二代目吉右衛門は祖父初代の俳号を被せた「秀山祭」歌舞伎公演を続け、歌舞伎座で祖父の当り狂言を並べた。私は昭和二十年代後半、初代吉右衛門の「石切り」「合邦」「河内山」を見る事が出来た。

この播磨屋が十吾を愛し、十吾が訪ねると「西海（サイカイ）が来た、西海が来た」と喜んだと直接師から聞いた。父歌六から見て十郎の弟子十吾は孫弟子になる。初代吉右衛門は時代物など重厚な物も手硬いが、「忠直卿行状記」など柔らかい物も絶品。

播磨屋、播州は上方の芸どころ、初代吉右衛門の喜劇、つくり阿呆「一條大蔵譚」は観客を唸らせたと聞く。(関西歌舞伎には延若という味わい深い面白味濃厚な役者もいたし、二代目鴈治郎も硬軟自在達者な役者であった。松本幸四郎に付いていた番頭が十吾付きの時期があり、これも播磨屋の心配りであろう。又瀬戸内ぞい魚住には「西海」という酒造屋もある。)

〈柿右衛門の話〉

十吾師　柿右衛門（酒井田・陶芸家　先代）は質素な家に住んでたが、わしのファンで茶碗十余りくれよった。「いらん」言うのにくれた。こわれもん持って巡業でけへん…駅前でそれ処分して、その金で長崎の女郎屋で一週間流連《いつづけ》をした。そんなわしやけど、支那（中国）の茶碗や何か支那から持って帰って、箱こしらえて巡業に持ち歩いた事もある。仁左衛門（片岡・松島屋、十一代）とわしは同い年で気が合うて、有田の窯元から指摘されて、芝居の柿右衛門の赤絵の窯のかたちが違うと伝えたことがある。演技はともかく、窯の道具（舞台装置など）だけでも変えな…松島屋や作者（しっかりした人やねんけど）が笑われるし…伊万里は鍋島藩の藩窯で…。

のぶ江　昔講談で、九谷から伊万里へ来た主人公…。（伊万里の技法を盗んだ後藤才次郎）

十吾師　技術盗むて、そんなん中々盗めるもんやない。

〈人間国宝いりまへん…?〉

十吾師　河井さん（寛次郎）、あの人も私と一緒で、褒美や勲章もらうの嫌いな人で、一ぺん、銀行（四条縄手の南西角）のとこで、「先生、私と一緒やな」言うて、話しこまれて困ったわ。

（補足　かつて大谷松竹会長が十吾を人間国宝に推挙しようとしたが断った経緯がある）

（補足　河井寛次郎　陶芸家。彫刻・書・詩・随筆等の分野でも作品を残す）

のぶ江　河井さんの家、美術館になってます。

十吾師　家具や何もかも、あの人の目で集めたもんやさかいな。

のぶ江　鳥取の安来の人ですね。

十吾師　（宮さんの）形見分けの機会のうなってしもうて…初盆は何時かいな?

のぶ江　（久富さんと目を合わせて）…関西は八月や思いますけど。

十吾師　鉄斎の絵でも、ええ時と悪い時とあるわなあ。

のぶ江　あの人は、「八十翁」「九十翁」で描きまくってはりますわなあ。

十吾師　湊川神社の神主してたんやさかい…

のぶ江　そうらしいですね。やっぱりその時の健康状態でも違いますわね。

（補足）久富さん　十吾の末の妹。神戸市花隈でお茶屋を営み松竹座活動弁士のたまり場であったという。

〈頭山《とおやま》　満《みつる》翁と十吾〉

十吾師　…頭山満、…あの人も欲の無い人やった。

（補足）頭山満　大アジア主義者。福岡博多・玄洋社の中心人物として　孫文ら中国留学生の保護、韓国併合を推進。十吾と交際があった。戦前頭山から十吾銃後と書いた額が贈られた。

原啓、西園寺（公望）、（ともう一人名前を挙げて）殺される人は後継者が出来かかっている時期に殺されるんや。

のぶ江　…

十吾師　後継者なんぞ考えられん時期には殺されへん。生きてるものは皆そうや。木や草でも葉や何か茶色うなって枯れてきたら、もう来年のために、枝は口あけて一生懸命吸いよる。クロト(玄人)の植木屋は早よ葉あ落とすやろ。成長が早よなるさかい。

のぶ江　枯れ木みたいに見える時に、力を蓄えてるんですね。

（補足）先生の後継者は?先生の事蹟を何ぞで残す人間は?先生の意図は？）

頭山満（右から二人目）
曾我廼家十吾（左から二人目）
（色紙には「十吾　銃後」とある）

〈若い女優さんが来たら…〉

十吾師　巴（松竹新喜劇女優）さんがアンパン持って来てくれたけど、あんなん二つや三つ買われへん。五つ持ってきてくれたの。一つずつ食べてたの。もう仕舞に味無うなったの。食べてお腹の具合悪したの。

のぶ江　旗上げの頃の研究生（青木、泉、星など）が寄会いして、先生とこへお伺いする相談が決まってましたけど、来ましたか？

十吾師　皆が来たらわたい、夜寝られへんようになるのでお断りしたの。

のぶ江　やっぱりくたびれはるから…。

十吾師　いいや、心臓がドキドキして苦しいなるから。お医者さんもそう言うてやし…星（千波）ちゃんは来てくれた。金乃（成樹）さんや藤井（瑛子）ちゃん？　青木（篤代）ちゃんは赤ちゃんが最近できたいうて。あんたずーと美術館に行ってるの？

のぶ江　はい（つらい返事）。

十吾師　忙しいのに話して堪忍。

のぶ江　いいえ、又お話ゆっくり聞きに来ます。奥さんのお参りを…

（と言って立つと、電気をつけようとされるのを止めて、閉じられた仏壇の前で鉦を叩く）

十吾師　おおきに…又鉦叩きに来てや。

お位牌もお骨も持って出てしもて（嫁たちが）

のぶ江　まあ…お大事に。又来ます。

（俯いて、じいーっとしてはる）

十吾師　（補足　久富さんは病気だったとかで、三十六キロまで痩せたと言われる。七十代半ばの妹さんが一人家事を取り仕切って居られるのだ）

〈筑豊の嘉穂劇場〉

（補足　ＮＨＫで嘉穂劇場の女小屋主伊藤英子さんを守って保存の話をしていた）

十吾師　今も三人程あの地の人から手紙が来るが、好きやない。

（戦前「文福・茶釜劇団」は九州で大人気であった）

（補足　昭和三十三年、家庭劇が九州巡業（福岡、熊本他）で炭鉱の町嘉穂劇場で興行した時先生につれられて大きなお屋敷へ行ったが、石炭成金の大角（オオスミ？）家、九州時代の贔屓後援者であろう。畳敷きの長い廊下と凝ったお庭を覚えている）

（補足　平成二十六年ＮＨＫの朝のドラマ「赤毛のアン」に柳原白蓮をモデルとする女性の夫の石炭成金が出てきたが、男くさい魅力で話題になった）

テレビの通信教育の話もされた。舞台に立っていた時はテレビ嫌いで、座員のテレビ出演にいい顔をしなかったひとが？

先日市川寿子さん（市川翠扇の弟子（新派）、家庭劇に出演した女優）から電話

があったので、奥さんが亡くなった話をすると知らなくて、

「悪いけどあの先生には情が湧かないの。東京から関西に来るようになったのは、あの先生の所為だけど、癖がきつくて馴染めなかった」と独特の歯切れの良い口調で言った。新加入した頃、彼女は嵯峨みやじと先生宅に下宿していたから彼女の言い分も解るが、好悪を越えて十吾師の個性を思う。今先生には話相手がいないのだ。

そう言えば、私は寿子さんと一緒に先生のお宅に泊った事がある。宮さんと寿子さんが三味線を弾き、先生が小唄を唸る。先生が何とも可愛らしく思えた一時であった。寿子さんも「家庭劇で唯一楽しい思い出はあの時」と語った。

〈昭和四十八年七月六日？　金〉

昼過ぎ先生の所に荷物を置いて、近ちゃん（近藤さん　東山五条・走泥社所属の陶芸家）の所で赤ん坊と一時間ほど遊んでから先生の所に引き返すと、指圧師が来ていて治療中だった。

久　富　あんたが来た事言うといた。お連れがないから淋しいて淋しいて、してはる。

のぶ江　お医者さん、来てはるんやったら失礼します。

久　富　声だけ掛けたげて。

のぶ江　はい…今日は。

指圧師　あー、お宅もしはるんですか。

のぶ江　いいえ…先生、又お伺いします。

十吾師　（にまー…）　（笑顔に何時もの黒い唇が濡れていた）

（この日小さな録音機を用意して行ったが使うことは無く、以後も一切持参せず。神戸の自宅へ帰ってから、先生の言葉をラジオ番組の台本の裏にメモした）

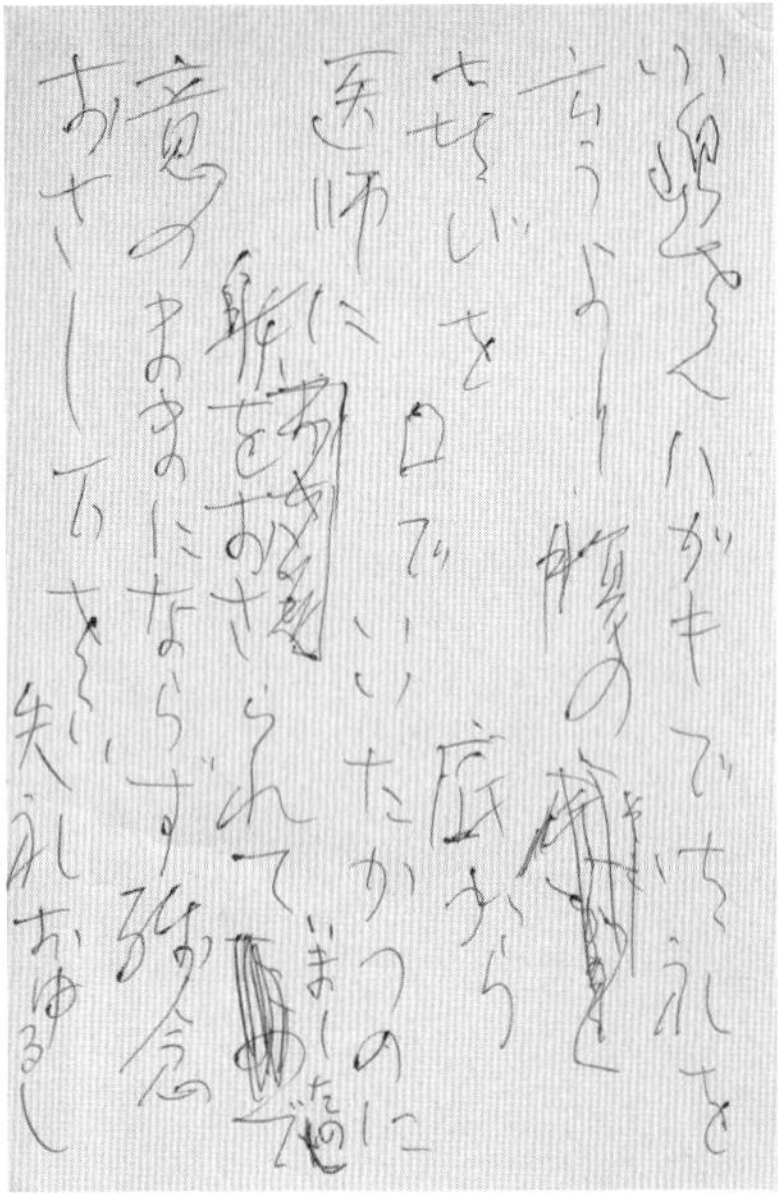

昭和四十八年七月七日

小嶋さんハガキで御礼を云
うより腹の底から喜びを口
で言いたかったのに医師に
軀をおさえられていました
ので　意のままにならず残
念
おさし下さい　失礼おゆる
し

〈昭和四十八年七月十四日　土〉　（美術館を済ませて六時半より）

のぶ江　今晩は（先生から）お葉書頂きまして。
久　富　あんたが本持って帰った事内緒やで。
のぶ江　はい、（奥の居間が暗かったので）お休みですか？
久　富　表の間に居てはる。
のぶ江　今晩は。（玄関の襖を開ける）
十吾師　（紙箱の蓋に小銭を入れて小机に向こうむきで…しばらく間《ま》…ゆっくり向きなおって）
のぶ江　あんまり何べんも来たら、嫌がられると思もて。
十吾師　そんな事ないよ。いろいろ話して紅茶飲んで帰るとか、ご飯食べて帰るとかしたらええの。
（表の車と交差点（四条通りと縄手道）の横断整理のスピーカーがやかましい）
排ガスが物凄いから表閉めといてちょうだい。口ちょっとだけ開けといて。

此の頃の人はエチケットを知らん。整理のおまわりさんも気の毒な。礼儀もルールも知らんもん相手やさかい。軽犯罪法にしたって、おばさんの姿勢まで警官は言われへん。

のぶ江　はあ、私見た事あります。田舎で田圃でひょいと裾まくって、立ったまま。

十吾師　あれ、しゃがめとは言いにくい。（男性だから女性に対しては）

のぶ江　毎日ああですか。

十吾師　そうやの。

のぶ江　（地元の人より観光客が多いさかいとは言わなかった）

十吾師　大勢の人が住んでたら、法律やルールいうもんはあんまりええものやないけど、無いとしょうがないものや。

のぶ江　あんまり人が、多すぎるんと違いますか。溢れそうですわ。

十吾師　そんな事無いの。人が多い言うたかて別に川へ落ち込んだり、地球からこぼれたりした事あるか？

のぶ江　はあ…。

十吾師　団地やったらこぼれ落ちる事あるやろけど…子供が三人あったらもう困ってやわなあ。（ここは神戸弁、先生の物言いには時々神戸弁が出る）
のぶ江　子供は大きなりますから。
十吾師　昔は今みたいに薬やらそんなん無いから、医術の方で言うても安全な方法て無かった。闇で赤子の口塞いでする（殺す）より他なかった…昔は暗かったの。
のぶ江　こないだ街へ出たが「肩がさわった」「足踏んだ」「意識全然無かった」…物言わんの。
この頃の若い人物言いませんわ。美術館で入館券売ってても、黙ってお金出すだけで一枚とも二枚とも学生とも言わしません。こっちは言うてもらわな判らしません。
十吾師　若い人物言わんの？
のぶ江　はい。
十吾師　おおきに、有難う。一つ物知った。

のぶ江　わあー、そんな事でそう言うて頂いたら困りますわ。
十吾師　私ら外へ出えへんから判らへんの。「先生は夏強いさかい」て手紙に書いてくる人もあるけど、夏はやっぱりえらいの。昔夏強かったからて今も強い事あらへんのに…これ上げよ。まだ開けてないの。
のぶ江　見せてもろてもよろしい？
十吾師　開けてあるか？
のぶ江　（封ははずしてあったけど）いいえ。
十吾師　御園座から送ってくるの。
（補足　名古屋の劇場。明治二十九年創業）
のぶ江　紋が入ってますね。（御園座の暖簾、松坂屋製）
十吾師　極楽とんぼ。
のぶ江　はあ？極楽とんぼ！
十吾師　はあ。
のぶ江　この紋「極楽とんぼ」言うんですか？
十吾師　御園に集う極楽とんぼや。結構な身分の極楽とんぼ等が寄って、御園座こしらえたの。

のぶ江　へえー、旦那衆で寄り合いでこしらえた劇場ですか。

十吾師　そやから芸にうるさいの。

のぶ江　成程。

十吾師　松坂屋も入ってるらしい。そいでないとあない早ようでけへん。

のぶ江　火事におうてよけい立派になりましたものねえ。

十吾師　観客席もええし、談話室や何んや、ようお客の事考えてある。

のぶ江　ボーリング場もありますね（包み紙にボーリングのピンが描いてある）私は焼ける（火事）前の舞台しか知りません。

十吾師　そう、あそこはミマスでね。

のぶ江　はあ?

十吾師　あそこは舞台が広いから（手で三角をこしらえて）三方に飾って。

のぶ江　ああ…普通裏表二面だけ飾りますから。

十吾師　今は三方出来ても、使こうてへんらしいけど…

のぶ江　ええ劇場ですし、長谷川さん、社長さんもええお人ですねえ。
十吾師　はあー毎年何やかや送ってくるの。以前は私の薬まで送ってくれてたの。
のぶ江　へえー。
十吾師　お父さんについて来よったんが、今は孫つれて来はる。お父さんが好きでよう渉一さんが学生の時代、つれて楽屋へ来よってやったん。（珍しく「孫連れて」と同じ事を二回言いはる）あの、案内（状）来てたの、あんた行ってやった？
のぶ江　はあ？
十吾師　…
のぶ江　（何となく「永六輔 その世界」とわかって）永さんのリサイタルですか？米朝さんも出はる…。（当日は米朝さんは持病の痔で弟子代演であったが）
十吾師　ほら、あの人、図書館の…あんたの知り合い。
のぶ江　…荒尾親成さん。
（補足　永六輔は上方留学と称し、関西の文化人芸能人らと親交を結んだ。十吾

十吾師　と京都鴨川を散歩（週刊朝日）したり、来神の度、南蛮美術館館長荒尾氏を訪ねた）
そう昨夕、五人ほどで来てくれてやったの。
（神戸三宮新聞会館・神戸新聞、興行部畠山喜好さんの案内らしい）

のぶ江　永さんも来はったのですか？

十吾師　いいや…。（何か言われたけど車が喧しくて聞こえない）荒尾さんが送ってくれはったの。

のぶ江　私、一昨日中座の与一さん見て来ました。

十吾師　山本周五郎の…。

のぶ江　筋はどんなん？
大川端へ死ぬつもりで娘が来る。とこれも死ぬつもりで来た若旦那与一さんが先に飛び込む。それを見た娘が泳げへんのに助けようと飛び込む。結局若旦那が娘を助けて家に連れて帰り、お互いの身の上話をする。若旦那は家作の火事で無一文になり、娘は「継母が十両無いと首くって死ぬ」言うて来たけど、その金が出来なくて母親が死んでしまった。「おっかさんを殺してしもうた」と泣く。ところがその母親が焼け出された与一さんの店子で、「火事の為娘が何も無くなって首をくくって死んだ」と脅迫に来る。これを娘が聞いて「もう嫌だ」と又飛び込もうとする。若旦那が最後の親の為に取っといた、十両を母親にやって「もうあんたの娘やない。わしがあの世から呼び戻した別の人間や」

十吾師　きつい筋やなあ。無理やわな。自分が泳げへんのに飛びこむて…人が見てるとか何とか…。

のぶ江　人数（役者の）の少ない芝居で、幕が開くと上から下へ橋を渡って釣竿持って男が通ります。これが何や釣竿を仕舞いもって行きよんのか、出した儘なぶって帰って行きよんのか、朝か夕方か全然わからしません。

十吾師　そう。普通は「潮が満ちてきた。釣りにならねえ」とか、親切が足らんなあ。

のぶ江　はあ、後の芝居が出来しません。

十吾師　音楽使うとか、したらええの…これやったら別に役者が芸をする事ない。なんぼ「事実は奇なり」言うたかてねえ。

そない無理せんかて芝居出来ん（る）の。七段目（忠臣蔵）でも解りよいの。平右衛門が出て来ても解る。筋ばっかりやと芸を演ずる余地がない。

のぶ江　与一さん、さらっとやってはりましたけど…。

十吾師　芝居するようになってない。「よう入ってる」て聞いた。与一さん京都から通よてるそうや。

十吾師　割れた瓶ほど強い物はないの。

のぶ江　割れた瓶が丈夫やいうのは？

十吾師　人が大事に扱うから…。

のぶ江　あ！ほんまに。

十吾師　言い方はどないでも出来るの。どないでも言えるの。毀れやすい物は強いとも言えるやろ。

のぶ江　はあー。

十吾師　お金かて「生き金、死に金」て言うわな。人は生き金使えて言う。欲しい物を買う。お金渡して物を受け取る。物々交換や。

のぶ江　はあ、必要な物を手に入れるんですわね。

十吾師　倶楽部へ行って注文する。女の子がちょっと気のきかんのが来て不愉快になる。「帰る」言うたら皆が「料理やお酒が来るのに」と言いよる。「そんなん皆で食べといて頂戴」言うて立つ。自分が注文したんやから、お金はちゃんと払うて帰る。「そんな阿呆らしい。勿体ない事」と人は言う。勿体無い事あらへん。こないして使うお金が生き金や。

のぶ江　（成程、金で買えん感情の息みたいなもんにお金を払うのか？）

（補足　家庭劇の頃芝居がはねてから、時々倶楽部などへお供したが、色恋沙汰で無く寛美式宣伝浪費？でもなく、弟子達は「先生は無駄金を使う」と影口をきいていた。八十歳を越した今考えると、売れないお茶引きホステスへの配慮だったのかとも思う。宮子夫人が亡くなった時、先生は「宮さんは夕方になったら、三十万とか四十万とか財布に入れて「行っといやす」て言うてくれた。お金の事いっさい言わなかった」と。

宮子夫人の葬儀後、京都南座に接する大きな二階家に先生は一人取り残され、独り身の下の妹の久富さんがお世話をされることになる。十五師と宮子夫人の年の差はひと回り以上あった。宮子夫人はこの名優のお守りをいったいどんな気持ちで勤めて来られたのだろう? 六十七歳の奥さんが「わてもう欲も得も無いわ。横になる」と倒れられたと聞く。）

七時半過ぎて食事まだとあって「何か食べる?」と言われ、厚かましくざる蕎麦を御願いしたら、出前をしてなくて、久富さんが持って帰って来て下さる。恐縮。

場を移して小さなお膳で先生と差し向かいに座った。

十吾師　今日は盛りがええなあ。
のぶ江　頂きます。（座布団を脇へのけて正座する）
十吾師　物を食べるのにそないして座った方が美味しいの?
のぶ江　はあ、何時も座りなおしてるみたいです。
十吾師　（先生タオルを下さる）お醤油が零れたら、電車の中でここな（膝に手をあて）

女の子が見っとも無いから…（私膝に掛ける）（先生も掛けられる）何かで兄妹が寄り集まる時、着物着たい言うて妹が見栄をはる。兄が内緒で拵えてやって、妹の虚栄心を満たしてやる。夫よりも兄の方が妹に対して愛情を持っている。

のぶ江　（芝居の筋か？）はあー？

十吾師　この頃でもやっぱり一荷二荷言うの？

のぶ江　ああ、嫁入り道具はこの頃言わんようですね。大概三点セットとか五点セットとか、和箪笥、洋箪笥、整理箪笥と鏡台下駄箱で五点セットになりますけど。

十吾師　点いうのは一点二点？

のぶ江　はい、団地なんか持って行っても入らしませんし…。

十吾師　昔は一荷…。

のぶ江　長持ちなんか持って行く人あらしません。

十吾師　…。

のぶ江　与一さん、何で歌舞伎に出はらしませんのやろ。あんな柔らか味のある二枚目、関西歌舞伎に要りますやろに…。

十吾師　あんたそう思うか？

のぶ江　はい、鴈治郎さん親類やから…。（初代中村鴈治郎は曾祖父）

十吾師　又一郎の孫やけど（林又一郎）…誰かて自分の子が可愛いわ。

のぶ江　？

十吾師　与一ちゃん可哀そうや。わしは歌舞伎になどよう出さん。

のぶ江　うちわの事は私解りませんけど。

十吾師　外から見てても可哀そうや。誰かて自分の子供が映えるようにするがな。

のぶ江　ああ！…けど客の立場として、客席でぼーと見るぶんには、綺麗なはんなりした二枚目さん見たいですわ。ねえ（久富さんを見るが返事なし）。

十吾師　出られへんし、出されへん。

のぶ江　ご馳走さまでした。

十吾師　こないだ西瓜食べたの。
のぶ江　（通り庭の井戸に目をやって）井戸で…。
十吾師　種が飛んで、ここに落ちたの（膝の手拭いの端をつまんで払う真似）…蚊あやったの。
のぶ江　はあはあ。（笑う）
十吾師　種やと思てたの。（又払う真似をして）蠅やったの。生きてる楽しさて、何処にでもあんの。
のぶ江　（笑む）
十吾師　ほなさいなら。（のぶ江帰り支度する）
のぶ江　（久富さんがテレビの前へ行かれたので）何か見はりますの？
十吾師　いや、息子が出て行ってから見いひんの。
　　　　お風呂行く時に（何か用事を頼まれる）
久　富　ちょっとふらっとするさかい。
十吾師　ほな行かん方がええ。（久富さん、なおもウロウロされる）

のぶ江　すみません。遅うまでお邪魔して申し訳ありませんでした。
十吾師　久富さん、昼間は…明日は？…聞き分けてや！
久　富　（返事無し）
のぶ江　すみませんでした。失礼します。
久　富　愛想なしでしたな。
のぶ江　とんでもない。おやすみなさい。（帰る）

（補足）　林与一　元歌舞伎役者、俳優、タレント。日本舞踊「林流」宗家。

〈怪態《けったい》な日〉

（昭和四十八年八月九日　民放ラジオ台本の裏に十九枚）

誠にけったいな日であった。

昼のさなか家を出て、阪急十三駅乗り換え宝塚線の豊中へ行くのを、勘違いして千里線に乗り終点一つ前で気がつき、駅員さんに事情を説明して折り返し、豊中からタクシーでＳさん宅へ、これが留守。留守の人に何故か変な印象を与えたらしく（いまどきお中元を持参して挨拶に来る人間は少ないのかも知れない。かと言って電話してから行くのは大そうだし…）、陶器の灰皿を預けて帰る。財布に一万円札一枚でタクシーの払いができず、駅の売店で銀行を教えられ両替して飛び出して来ると、運転手が乗り逃げを心配したのか、ついて走っていたらしくて、何とも可笑しい。

京都高島屋で先生に洋菓子を買うのに、商品の取り替えたらいうことで、ここでもウロウロ。

やっと先生のお宅へ着くと、返事が無い。

妹さんは買い物にでもと思って、台所へお菓子を置いて近ちゃんの所へ支払いに行く。

近ちゃんが「五条の陶器市」へ案内してくれたが…別れて先生宅へ。覗くと…相変わらずの返事無し。ところが奥の間に気配が…居てはるのだ。

のぶ江　今晩は…今晩は…（衝立から覗く）小島です。如何ですか？

十吾師　あんたがこの間帰ったあとなあ、久富さんと言い合いして「縁切る」とまでわたい言うたの…。

のぶ江　…？

十吾師　上がんなさい。（あと何か聞き取れぬ事ぽしゃぽしゃ）

のぶ江　（玄関から台所へ廻って奥の間へ入る）先生何食べはるか解りませんので、洋菓子持って来ました。

十吾師　はあ…わたい何べんも遺書、書いたの。そやけどな、首吊って死んだりしたら誤解される人が出て来る。気の毒やからなあ…。

のぶ江　（このあたり私軽く聞き流してしまっていた）

十吾師　会社からお金貰ろてるし。（もろてたし…かもしれない）久富さんが出て行ってわたい、頭もよう上げなんだの。此の頃はお手伝いさんかて二千円も三千円も一日にとるねんなあ。妹（？）が「食べもんにお金惜しんだらいかん」言うたので私救われたの。はあ…ええ事言うてくれてな。お手伝いさんかて柄が悪いの。扇風機がいるの。やれ何してくれの。柄のええのはお手伝いさんて呼ばれるの嫌がるの…今何時？

のぶ江　七時ちょっと前です。

十吾師　あっ、有難う。よい！（立ちあがって）わたいこないして起きられるように…ミルクも（自分で）温めて、はあ…。（台所で冷蔵庫から牛乳、桃、みかんを出し、鍋でミルクを温め）無情を感じるの。

のぶ江　果物むきましょか？

十吾師　はい。

のぶ江　どうぞ（座敷へ）。あの私見てますから。（果物を剥きながら見ていると、自分で頃良いにしてカップにつぎ、座敷の卓袱台へ）

十吾師　姉が土橋と（マルマル？）に寄席持っててなあ（…聞き取れない）…姉が死んで…。

のぶ江　（先生に）お姉さんいてはったんですか？

十吾師　はあ…。（よく判らない）高須さん、お参りしてくれてたん。

のぶ江　？

十吾師　高須さんとなあ「生きててや、昔の話出来るのんあんただけや」

久富さんは気が強いなあ（又何かくどくど）…パンが無い。

（ここで私は近所のパン屋に行くが閉まっていて、遠くまで買いに行く）

のぶ江　先生は女の御きょうだいばっかりですか？

十吾師　いや、兄さんがいてたの。

のぶ江　はあー、やっぱり神戸で小屋か寄席持って？

十吾師　…。（又判らない）

慶ちゃん（姪御さんの事らしい）が言うの。（判らない）

宮さんの娘いう人が現われてな…。（この間の事情は後年天外さんが劇化、松竹新喜劇で上演した。）

それお湯につけて。

のぶ江　はあ?桃、お湯に?
十吾師　はあ、みんな、蜜柑も。
のぶ江　はい。私した事ありませんけど…（湯を沸かす）これに?
十吾師　はあ、浸けて頂戴。
のぶ江　これでよろしいですか?
十吾師　はい、おおきに。
のぶ江　…。
十吾師　あんたも何かお上がり。
のぶ江　はい、先生の果物の半端を頂きます。
十吾師　冷蔵庫に入ってるサラのんお上がり。
のぶ江　いえ、これで結構です。勿体無いから…。
十吾師　…これお上がり。（尿瓶の側にさつま芋の煮たのがあって）
のぶ江　はい…美味しいです。
十吾師　全部お上がり…隣の下駄屋さん、わたい悪口言うてたの。あんまり好きやなかったの。

のぶ江　？

十吾師　「先生、何時までも牛乳が戸口においてありますけど腐りまっせ」言うて。「わたい、あんたの悪口ばっかり言うてたの」言うて何したんやけど…あんたの来る前の事やから。（まだ私は事情が飲み込めていない）

のぶ江　そんな事はかましません」言うて…。

十吾師　恥も外聞も無い。「こうこう」言うたら、ほんなら倅《せがれ》のとこへ電話してくれはったの。わたい無情を感じるの。（下駄屋さん）嫌いやったの。

のぶ江　ほんなら昼間は文《ふみ》さん（十吾師の息子の嫁）が来てくれはるんですか？

十吾師　いや隣の下駄屋さんが来てくれはるの。

（私はようやく先生の身辺が、容易ならぬ事態に立ちいたっている事を認識した。この前私が訪ね、お蕎麦をよばれて帰った後、妹の久富さんも飛び出して、以後先生は一人ぼっちであったらしい）

十吾師　色んな人が来て、何やかや言うてくれるけど、言うのは言うても後、来はらへん…あんたも冷蔵庫開けたらミルクがあるから。
のぶ江　はい。（お茶があったので）これ頂いてもよろしいか？
十吾師　…。
（コップが先生の後の水屋にあるので、面倒なので井戸の蓋の上にあるコップを洗ってつかう。先生はお湯の中から取り出した桃などを、しゃぶってお皿へ出しはる。）
十吾師　（それを）そこへ捨てといて頂戴。
のぶ江　はい。
十吾師　（入れ歯を出してカップに浸けられるので、汚れものを全部引こうとすると）それ、おいといて…（果物を浸けたお湯に手を入れられたが、熱かったらしく、入れ歯のカップに指先を浸け、布巾で口を拭いて立ち上がられた）
（のぶ江、後片付けをし、入れ歯を洗い、お薬のお湯を沸かして、奥の部屋へ持って行く。万年床のぐるりはさすがに乱雑になっていて、部屋の中は暑くてたまらない。表は排気ガスが入って来るというので締め切り。裏は網戸一枚分しか開いてない。

西に芝居の柝の音が聞こえて来る近さに南座があって、西日は遮られるのと、玄関から広い通り庭が奥まで続き、石囲いの井戸があり、トイレ風呂場に至る渡り廊下が十坪程の奥庭を囲む。風さえ通ればよく出来た涼しい京都の家なのだが…この状態ではせめて扇風機をと望むお手伝いさんの気持もわかる。）

（そうこうしているうちに、先生と善悪の話になる）

のぶ江　ええとか悪いとか言うても、そないはっきり分かれてえへんように思います。

十吾師　善悪はあるよ。

のぶ江　ええとか悪いとか言うても、ちょっと考え方変えたら、大した事あらしません。裏表がひっくり返る事もあるし…。

十吾師　いや、善悪はある。

のぶ江　あったかて時おいて見たら、どうって事無いのん違いますか？

十吾師　…ここにお化粧品とお金があったら、女はお化粧品をとるやろ？

のぶ江　お金でしょう。
十吾師　いや、お金よりやっぱりこうして（化粧の真似をして）男に会いたい…。
のぶ江　けど化粧品があったかて、お腹大きならへんし（お金があったら化粧品買えますとは言わず）生きていかれしません。お金が無かったら…。
十吾師　アフリカの原始的な人間かて、こないして飾りいろいろ付けて…。
のぶ江　あれは宗教的なもんでしょう。こうして祈り…。
十吾師　やっぱり男の気いひくのに…。
のぶ江　お白粉塗ったり紅塗ったりは、あれは魔除けやまじないでやってるんでしょ。あんな人間社会でも貨幣はあるやろし、そやから祈りですよ。
十吾師　神さんも人間も同じや。手え合わせるのも男の人に好いてもらうのも同じや。

（警察沙汰になって、死のうとする男女に、陰で金を恵み、幕を下ろす芝居を書いて上演「あっとん婆さん」「下積の石」他。賭博に狂う息子を厚生させる為に、自ら競輪にはまりこむ芝居の、ミイラ取りがミイラになる「競輪婆さん」、博打に魂を奪われた老婆を鬼気せまるまでに演じた人が、金より化粧品とは何の寓意か？）

（補足　幕が上がると息子の妻の役の私が、家計を支える為に水商売に出る設定で花道から登場する。着物は地味だが、せめて頭のセットをして美容院から帰ってくる。幕切れは息子夫婦が僅かなお金を差出し、十吾演ずる母親はその金を奪うように掴みとり、満面に笑みを浮べ、よだれをたらして花道を入った。凄絶な後姿を夫役の高田次郎と二人、本舞台から見送った――（「競輪婆さん」））

のぶ江　そらまあ、似たようなもんですやろけど。

（次室の蚊取り線香を取りにやられ、まだ火が付いているのを消して、新しいのを出して火を付け、置き場所を聞いて座につくが…何とも暑い。

陶器市の賑わいや、買って来た土鈴の音を聞いてみたりしたが、先生は興味無さそう。こっちが話し出さなければ、隣の下駄屋さんや、文さんや、久富さんの話になるので、奥さんのお骨も無い仏壇と万年床の部屋は、歌舞伎のどろどろの場面のような、暗鬱な空気が天井に広がり、蛍光灯に馴れた者には、旧い電球が余計に暑さを感じさせる。）

のぶ江　話変りますけど、この間ある知り合いから先生の事聞かれまして…。
十吾師　…。
のぶ江　「先生どないしてはる」言うて聞かはるので、京都にいてはります、言うたら、「前にテレビで自叙伝を書いていると言うてはったけど…書き進めてはるやろか?」言うて…私「さあー知りません」言うたんですけど。
十吾師　天外さんの小さい時や、十郎さんの事は誰も知らんの。…けどもう字い忘れてて書かれへん。人に筆記さす云うたかて、でけへんの。
天外さんみたいに嘘ようつかんし…あの人みたいに嘘つけたらなあ…そら嘘書いた方が面白いの。皆な嘘つくの。十人が十人嘘つくの!(私の顔を見られる)
一人ぼっちになってから、誰か彼かが訪ねて来てくれる。けど「ちょいちょい来ます」言うて、来えへん。
(私が愛情豊かな人間なら今晩は先生宅へ泊って、面倒を見るべき立場に立っていたのだが、私は泊ろうとは言わなかったし、先生も一人ぼっちの暮らしに段取りが付きだした処らしく…見えて。）

十吾師　（午後八時すぎ）お役に立ちません。（と腰を上げると）

のぶ江　表閉めるわ。（と気軽に腰を上げられた）

十吾師　外から鍵が掛るのでしたら私が…。

のぶ江　下駄屋さんも玄関開け立てしたげる言うてくれはったけど、自分で開けて自分で閉めるの。

十吾師　失礼します。

のぶ江　体に気いつけてね。

十吾師　私は此の頃元気です。

のぶ江　ええねえ。

十吾師　辛いと病気になりますから、つらいと思わないようにしてます。

のぶ江　辛い事無いの？

十吾師　つらい事はあります。現に今こうして先生見てたら辛うなります。一人ぼっちの方がええ事もありますけど、私は一人ぼっちは嫌です。

十吾師　体さえ丈夫やったら…。
のぶ江　丈夫でも一人ぼっちは嫌です。
十吾師　あんたが帰った後（先月）久富さんと喧嘩して兄妹の縁切るとまで言うたの。
のぶ江　ほんまにすみません。
十吾師　あんた謝ること無いの…（久富さん）いけずやなあ。
のぶ江　（靴をはいて先生の下ばきを揃え玄関へ降り立つ）
十吾師　体大事にね。
のぶ江　先生もどうぞ御大事に…。

（外へ出て頭を下げようとすると、ピシャンと戸をしめられた。タイミングの彼我の相違に、私はいささかセンチメンタルになっていた心情を絶たれた。阪急電車の河原町駅に来ると、丁度六甲駅接続最終バスに間に合う時間であったけど…電車に乗って思った。かりそめにも戸を閉める曾我廼家十吾の姿を、人目にさらしたく無かったのか？）

（八月中旬の大文字焼の前に入院されたようだ）

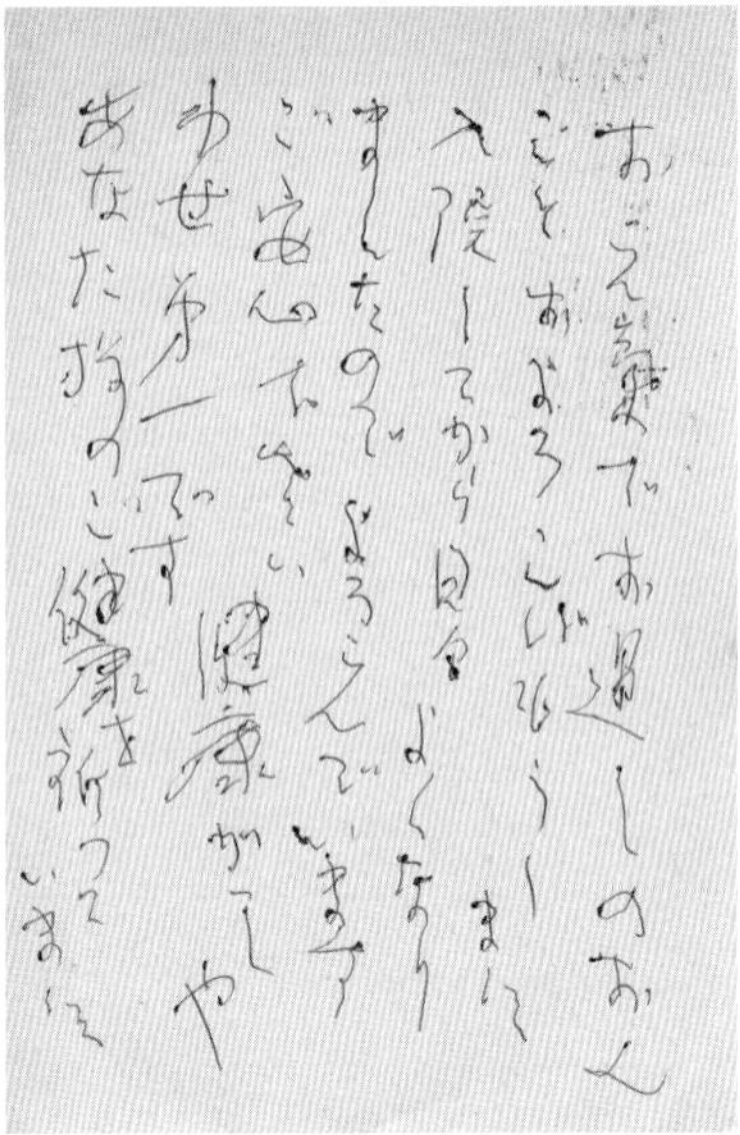
おごん気でお過しのおん
ことおよろこび申します
入院してから日々よくなり
ましたのでよろこんでいます
ご安心下さい　健康がしや
わせ第一です
あなた様のご健康を祈っています

昭和四十八年八月三十一日

お元気でお過ごしのおんこと　およろこび申します
入院してから日々好くなりましたのでよろこんでいます　ご安心下さい
健康がしやわせ第一です　あなた様のご健康を祈っています

〈昭和四十八年九月八日〉　（九月九日記　わら半紙十二枚）

市電で三十分掛って先生の入院先、北大路大徳寺前。済生会病院までたどりつく。先生のビリビリ震えた文字のハガキを頼りに、四階四六六号室へ。病室の中を窺う。後から声を掛けられた。

小母さん　どなた様ですか？
のぶ江　先生いらっしゃいますか？
小母さん　はい。
のぶ江　小島と申します。
小母さん　（病室へ入って）小島さんと仰云るお方がお見えです。
十吾師　あ、入ってもろて。
小母さん　どうぞ。
のぶ江　おおきに（入って）…如何ですか？
十吾師　何？

のぶ江　お体の具合は如何ですか？

十吾師　はあ、大分ええの。青木さんのお父さんが来てくれはって…。

のぶ江　そうですか。

十吾師　青木さんも来たいけど…。

のぶ江　今赤ちゃんが手をとるから、来られしませんわなあ。

十吾師　赤ちゃん預けてでも云うて…昔の皆が寄りおうて話したい言うて…そんな夢見てたらええわなあ…そこへ座ってたの。（付き添い用の低い寝台）低いからしんどいの。これだけの高さがあると楽やの。（今座っている椅子）（個室と云いながら四畳あまりの小さい部屋。先生の口が臭い。窓際の風上に先生が座って居られるから一直線に私に襲いかかる。椅子をずらせる余地が無いので辛抱する）

十吾師　病院て賑やかなの、（救急車入って来る）夜中に何べんも起こされるし…。

のぶ江　配膳車が来てるし、この部屋の前、流しやさかい、よけい賑やかですわ。
私の入院してる時も結構賑やかでした。

（のぶ江三年前胃潰瘍で入院、しかし救急車が来て、すぐカラカラと死体安置所へ引きずって行く話は出来ない）

（五時にサイレンが鳴る。六時に又鳴る。小母さんは向かいの工場のサイレンだと云う）

のぶ江　病院の食事の決まりがあると思い、何も持って来ませんでした。

（病室には飾り物は何も無かった。もともと先生は生花が嫌いで楽屋でも一切見なかった）

（小母さんがファンタを出してくれる。コップが無いので直接飲む）

（先生控えの寝台に横に座って足を伸ばされる）

十吾師　何時も二三人身のまわりに居てくれてた。何言うても逆らわん人間が五十人いてた時もあるわなあ…足をピンと伸ばして「爪切って！」言うたりしたの。

小さい時から「三人つけてくれな（付け人）嫌や」言うたり「座長でないと廻らへん！」（巡業）言うて通して来たの。

のぶ江　私びっくりしたんですけど、先生がお婆ちゃん初めてやりはったん、十八

　　　の時やそうですねー。
十吾師　はあ。
　　　（小母さん食事のお盆を持って入って来て、いろいろ並べ「これ私作りました」と、
　　　とろろ芋を添えて出す）
のぶ江　病院の食事は早いですね。後片付けの人が早よ帰らんならんから。
小母さん　そうですわ。
のぶ江　どうぞ召し上がって下さい。
十吾師　あんた、ここお寿司の美味しいとこあんねえ？（小母さんに）
小母さん　はあ　どうぞ言うて下さい。
のぶ江　私遠慮いたしません。ここへ来がけに遅う食べましたので。
小母さん　そうですか。（立って出て行き、梨、いちじく、トマトを洗って来て切る）
十吾師　お粥にとろろ芋では…。（と言いながら、それでも結構あれこれつまんで、綺
　　　麗に食べて、果物もお湯付けさせずに皆食べられた。小母さんが私にも出して
　　　くれたので先生に合わせて食べる）

のぶ江　ここは大文字がよう見えますね。

（小母さんがいろいろ説明してくれたが先生は興味無さそう）

大文字焼の後入院されたんですか？

小母さん　いいえお出でやしてから、山焼きありました。

十吾師　来な、いかん人は来えへん。（名は上げられなかった）

あの人は東京から帰って来たらすぐ、女房に夏ぶとんあれ…（戸棚の上の箱を指して）

ちゃんと女房にこうこう言うて寄こした。あの人は…えらい人はちゃんとするの。（これは藤山さんの事らしい）

高須さんがカルカン饅頭買うて来てくれて、三つ食べたら腹具合悪うなった。

のぶ江　餡子は良くないと思います。

十吾師　皮だけ、上用とカルカンの皮は食べられるが、他のは皮だけ食べられへん。

メロンでもプリンでも何でも、五つ以上持ってくる人嫌い。

（ようけ持って来たら、見舞いにならんという意味らしい。相手の懐を察しての事か、見舞い品などと云ぅ物は、付き添いさんや見舞い客達が食べるから、何ぼ有ってもええと思うけど…)

のぶ江　私ら先生がお若い頃の事あんまりお聞きしませんけど、いろいろ面白い事がありましたんでしょうね。

十吾師　はあ。私ら一つ事だけ、今までして来て幸せやの。昔の人はええ事言うてる。一つ芝居だけして来たから、こないして面倒見てもろてるの。(したい放題と言えば語弊があるが)そやけど五十年前の話になると、もう解ってくれる人が無い。

のぶ江　そらそうです。もう戦争中から戦後の事、話したかて今の若い人理解出来しません。想像力が働かんのですわ。私らかて空襲やとか警戒警報やとかあって、灯火管制してたから、夜の電気の無い時代の暗さ、想像できますけど…今大文字の山焼きで、市内の一般の電気消してる云うたかて結構街明るいし。真っ暗な江戸時代の山焼きと、今とでは違いますでしょ。若い人に江戸時代の暗さて解りようが無い

ですわな。「何でこんな事(手探りして)するのん?」て聞きよりますわ。(歌舞伎の舞台のだんまり)

十吾師　自転車のガス灯で、お客沸かした事あるの。

のぶ江　ハア、自転車にガス灯?

十吾師　はあー。

(小母さん外灯のガス灯を着ける係りの人の仕草を教えてくれる)

小母さん　自転車には、三方を覆ったローソクを付けて走ってたんですよ。

のぶ江　そら駕籠屋が提灯付けて走るのやから、自転車にローソク付けて走ってもええけど…消えませんか?

小母さん　あんたさんら見た事おへんか?

のぶ江　はあ、もう電池になってました。

十吾師　道で死骸見つけて。

のぶ江　その時分、道に死人捨ててあったんですか?

十吾師　芝居でやがな。

のぶ江　ああ！済みません。

十吾師　ガス灯で、よう受けたの。

小母さんがお祖母さんに聞いた話をする。処刑場は壬生と粟田口にあって、竹矢来の中で、勤皇の志士が首はねられんの見に行ったら、皆な「仇とってくれ」と言うて死んだ…。

四条河原町の辺以外は寂しかった。

結局話がそっちへ行ってしまってガス灯でどう芝居したのか、聞き漏らしてしまった。

先生の九州時代の話は、高須さんが知っていると言う。

のぶ江　そんな時代から？

十吾師　はあ、十五、六歳の時から来てたの。兄さんが「いろは」いう役者やったの。

(柏仙吉、田中伝左衛門、杵屋三郎他、知らぬ名前が沢山出て来る)

のぶ江　関東大震災で、芸人の東西交流が随分ありましたんでしょう？

十吾師　東京の芸人が鹿児島まで流れ興行した。

先生の話には「わたい、あの人嫌いやの」とか「嫌いやったの」という表現がよく出て来る。前記の人もそうらしい。食事の済んだ後看護婦さんが二回入って来る。

「ありがとう」「有難う」と嫌にはっきりした声で言われる。看護婦さんはにこりともせず普通の顔。病院から来たはがきにも、西海文吾と書いてあったし、（よし曾我廼家十吾という役者と知っても、どうという事は無いのかも知れない）

のぶ江　主治医はどんなお人ですか？

十吾師　（ちょっと表情がゆがんで）潤一のお友達やの。

（普通の老人として入院してはるのやろか。勿論費用は松竹が出していると思うが…？）

（本が四、五冊「ローリング・ストーン」という雑誌の創刊号がある。）

何という意味？

のぶ江　知りません。

小母さん　（笑う）

のぶ江　ローリングは揺れる。ストーンは石やから、「揺れる石」ですやろか？

十吾師　こないだ病院出て買うて来たの。

のぶ江　この近所に古本屋さんあるんですか？

十吾師　古本違うよ。

のぶ江　あっ！すみません。先生古本屋さん行くのんお好きでしたから、つい…新しい御本ですわね…。

十吾師　…ええ風、入るでしょ。

のぶ江　ほんまに。
（とすると四条の家で窓を閉めきってはった時、先生も熱かったのだ。この間京都へ来た時、下駄屋さんで先生の事いろいろお聞きして…と、先生のハガキを見て飛んで来たとは云わず）
南座で玉三郎さん見ました。

十吾師　しかけ、どないやった？

のぶ江　?…（我当さんの）「鯉つかみ」何や子供だましみたいで…白糸の水芸も子供の時に見た程、感激の無いもんですね。

十吾師　お金無うなったら、しかけもん出したの。

のぶ江　やっぱり客よう入りますか？

十吾師　そう。

のぶ江　新聞で先生が「強がり・弱がり」を書かれると出て居りましたが…。

十吾師　もう書いて出したの。

のぶ江　ああ、もう出されたんですか。

（新聞には十吾の久し振りの新作「強がり・弱がり」は、十吾の都合で取り止めと書いてあったのだが…という事は？）

十吾師　紅子《べにこ》さん（竹内）がこんなん送って（持ってか？）くれたの。子供みたいに、（便箋封筒を入れた紙袋を出され）あの人も芝居書きたい言うから、つきおうてるの。そやなかったらつきあわへんの。

小母さんの「又来たげとくれやす」の言葉に送られて、暗くなった京の町を、又市電に乗ってガタゴト帰る。

昭和四十八年九月十一日

先日は見舞下さってありがとう
美術館をおやめになったのですが
私しは苦しい
私病難とたたかっているのに

〈昭和四十八年九月十四日〉

（のぶ江の手紙　便箋に下書き）


その後お体の具合は如何でいらっしゃいますか
お葉書拝見いたしました。私の身の振り方でご心配をおかけして申し訳ございません。亡き奥様にも何時も心配して頂きながらべんべんと月日を重ねてまいりました。もとの家をつぶして建てなおしていたのが今月出来上ります。何時までも兄や母の懐に抱かれていてはいけないと思い、これを機に一人立ちをと思い美術館をやめました。これから何をするか迷っておりますが近い中に結論を出すつもりです。

美術館は眠ってるような処です。うかうかと二年も過してしまって…誰やら彼やらに迷惑をかけ続けの私ですが、何とか今までのなまけ癖を拭って再出発したいと思っております。

鉄斎の本を御送りいたします。色がついておりませんのですけれど、どうぞご覧下さいませ。秋の御彼岸もまぢかでございます。季節の変わり目故くれぐれも御体御大切に、ご快癒を心よりお祈りいたしております。

乱筆乱文ご容赦下さいませ　かしこ

小島のぶえ

曾我廼家十吾先生　御もとに

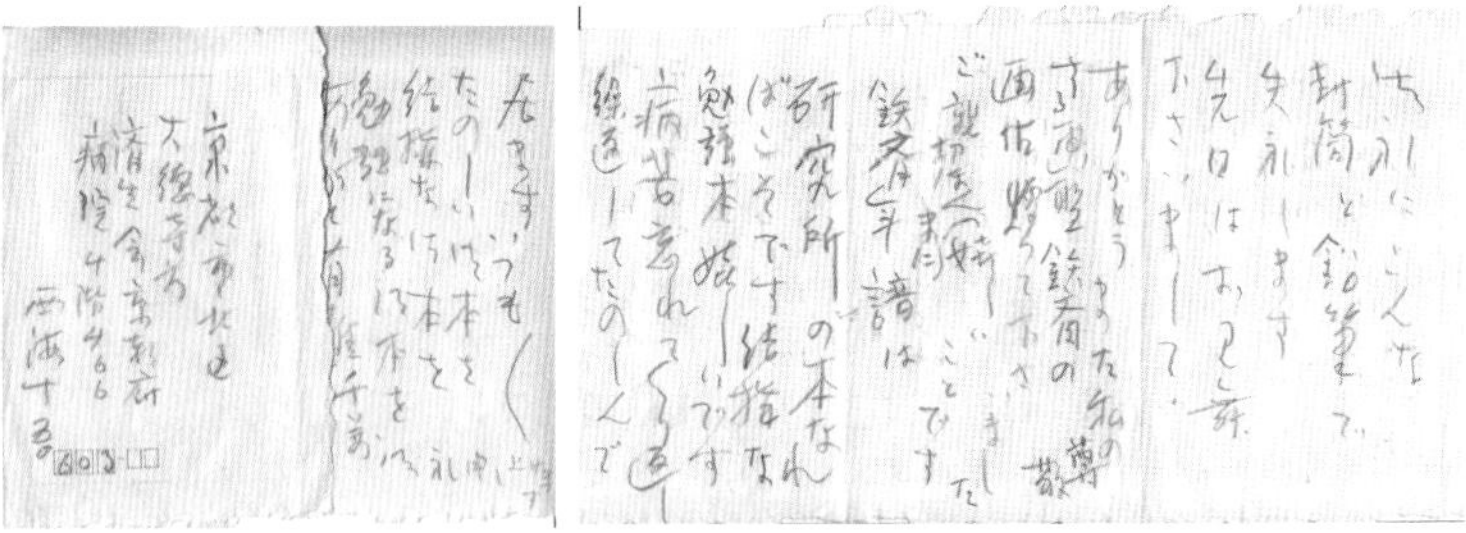

御礼にこんな
封筒と鉛筆で
失礼します
先日はお見舞
下さいまして、
ありがとう　また私の尊敬
する画聖鉄斎の
画帖　贈って下さいました
ご親切　ほんまに嬉しいことです
鉄斎年譜は
研究所の本なれ
ばこそです　結構な
勉強本嬉しいです
病苦忘れて　くり返し
繰返して　たのしんで
居ます　いつもいつも
たのしい御本
結構な御本を
勉強になる御本を
ありがと有難千万
御礼申仕上げます

京都市北区
大徳寺前
済生会京都府病院４階４６６
西海十吾

昭和四十八年九月十九日

〈昭和四十八年十一月二十一日〉紫綬褒章受賞にあたって

（封筒宛名　高須文七氏）

謹啓　錦秋の候
御尊家皆様愈々御健勝にお過しの
こと御慶び申上げます
此の度の叙勲に際しましては早速
御鄭重なる御祝辞を頂き
ましてまことに有難う御座い
ましたこれも常々お心にかけて
下さる御厚情と衷心よりあつく
御礼申上げます　私
ごときがはれがましい身にあまる

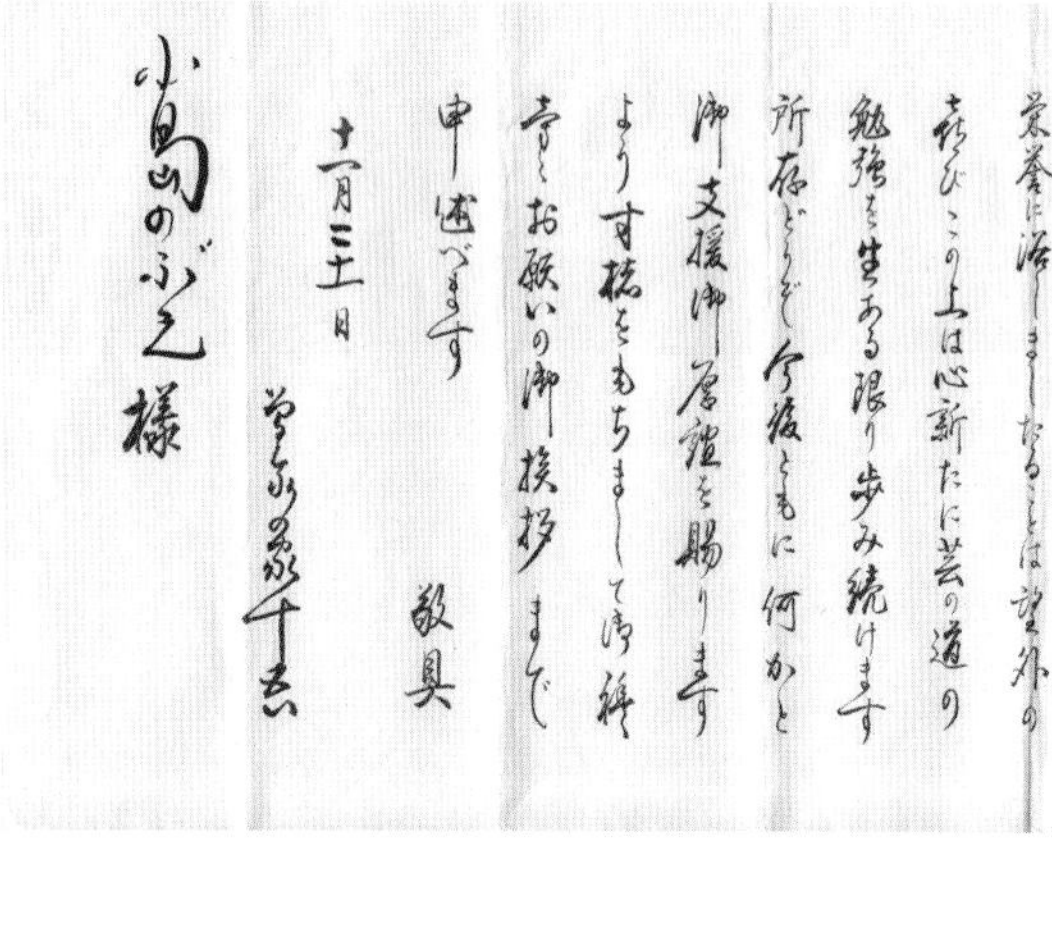

栄誉に浴しましたることは望外の
喜びこの上は心新たに芸の道の
勉強を生ある限り歩み続けます
所存どうぞ今後ともに何かと
御支援御厚誼を賜ります
よう寸楮をもちまして御礼
旁々お願いの御挨拶まで
申述べます　敬具
十一月三十日
[illegible]
小島のぶ之様

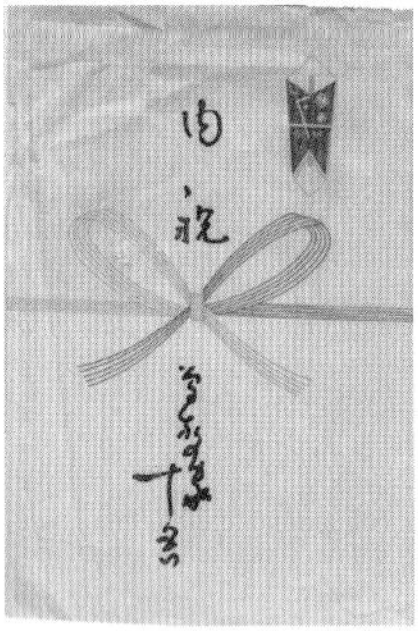

謹啓　錦秋の候

御尊家皆様愈々御健勝にお過しのこと御慶び申上げます
此の度の叙勲に際しましては早速ご鄭重なる御祝辞を頂
きましてまことに有難う御座いました　これも常々お心
にかけて下さる御厚情と衷心よりあつく御禮申上げます
私
ごときがはれがましい身にあまる栄誉に浴しましたるこ
とは望外の喜び　この上は心新たに芸の道の勉強を生あ
る限り歩み続けます所存　どうぞ今後ともに何かと御
支援御厚誼を賜わりますよう　寸志をもちまして御礼
旁々お願いの御挨拶まで申述べます

敬具

曾我廼家十吾

十一月二十一日

小島のぶえ様

〈十吾師留守宅で嫁の文子さんと〉

（昭和四十八年十二月?日）

（民放ラジオ台本裏に二枚（昭和四十九年八月十八日記））

お祖父さん（十吾師）は、今何を出すのも嫌。物凄う渋うなってはる。

松竹から給料が出ていたが、宮さんが先生の番頭として、嫌な事つまり金銭の事は殆ど宮さんに交渉させていたという。

宮さんが死んでから、先生も自分も困っているという。

この人は、話はつーかーでよく通じるし、無駄の無い喋り方をする人だ。

〈昭和四十九年一月三日〉

（民放ラジオ台本裏に二枚（昭和四十九年八月十八日記））

建仁寺へ年賀参りの後、夕刻京都済生会病院へ十吾先生の見舞いに。

のぶ江　（コッコツ）ごめん下さい。

？　　ハイ！

のぶ江　お邪魔します。

？　　ハイ

（中へ入ると、付き添いの小母さんはいない。年末に小母さんの身内の人が交通事故に遭って、先生のお世話が出来んようになったとか何とか、はっきりした事ではないが、小母さんが辞めたというような事を、文さんが言っていたようだが）

妙に赤っぽい電球に照らされて、金縛りにあったような十吾師を、ベッドの上に見た。看護婦さんの文句をひとしきり…。

時間も遅いし、奥さんの忌中でもある師に正月の挨拶もならず、こめかみに赤筋を立てて目を引きつらせている師に、いささか気をのまれ、散らかった紙くずを袂をとって拾い集めて…ふと師の方を見ると、別人のように、おだやかな、高砂の翁面のような、色白に白髭の美しい顔に変わっていて…。

神を見たように打たれる。

正月用の柔らかい美しい色どりの、和服の女が紙屑を拾っていた間、十吾師の内奥に天来の音楽が奏でられていたのだろうか…。

一分にも満たぬ時間にも、こんな変化をもたらすものか…。

のぶ江　何のお役にも立てません。

十吾師　又来て頂戴。どんな話でもええから、聞かせて頂戴。

のぶ江　失礼します。

帰りの電車の中で涙が出た。

青筋というものが一瞬に消えうるものであれば、浮き出るのも一瞬に浮き出るものか…。

神と悪魔は裏と表、一瞬に生き死にするものか。
へんげ（変化）ともへんか（変化）とも、恐ろしくも、美わしの一瞬。今思い出しても、
うっとりする。
人の顔がやわらぐことの力は物凄い！

〈昭和四十九年三月二十四日〉

（昭和四十九年八月十八日記）

正月以来、久しぶりに先生を病院に訪ねた。
病院の前で、付き添いの小母さんに会い、
「今先生の御用で北の方の山本さん宅（?）まで行きます。ゆっくりして行って下さい」
の言葉が最後で、小母さんに会う事も無い事となった。
ベッドに起き上がって、頬がふっくらし少し若返ったような先生を見て、もっと早く来れば良かったと思ったが

十吾師　あんたは来られるから、来てくれるの。来られへん人は、来られへんから来えへんの…来られる人が来なんだら待つの。

のぶ江　ああ…。
（今思えばこの言葉が、私への最後のプレゼントとなった）

十吾師　だんだん建物が高うなる。

のぶ江　京都の北の端のこの辺でも、どんどん高こなりますね。やっぱり地代が高いさかいですね。

十五師　違うの。高いのがええの。高いとこへ上がりたいのは、人間の本性や。

やはり先生と私とは物の考え方の基点が違ってた。
先生がじぃーっと私の顔を見据えるようにしはる。
口元はほころんでるが、目のふちに隈が出来てるようで、少しイヤーな気がするが、
正月の時とは較べられぬ程おだやかな表情。明晰な話かたで

十五師　あんたは恵まれてるの。
のぶ江　ハイ。

先生は又じーっと私の顔を見つめられた。私は「ハイ」とだけで笑顔をくずさず、見つめられるのに堪えていた。
今日は皮肉も説教も助言も、そして愚痴もなかった。
私は気付かねばならなかったのに…。

三月二十七日、神戸を発ち東京へ。

東京は春の雪が積もっていた。地下鉄蔵前の駅からすぐの叔母の店、玩具問屋「鈴梅」に着く。翌二十八日、初めてのヨーロッパに旅発った。

私はイタリア、ローマから葉書を出した。これが先生への最後の便りとなった。

そして四月七日の夜遅く羽田に着き、フローレンスでうつされた風邪と時差ぼけの八日朝、床の中にある時に、「姉ちゃん、どうする?」枕もとに従妹がサンケイ新聞を持って立った。曾我廼家十吾の死が報じられ、見なれた顔の写真が笑っていた。

神戸の兄から電話「葬式に行くか?」

すぐ東京を発てば間にあう時間であったが、殆ど何の感懐も無く、朝日放送の人が列席するとの事なので、香典のみことずけて電話を切る。

涙もわかぬ…春闘で足止め、叔母の家で三日ばかり寝ていた。

東北へも行けず、帰神もならず…歩いて行った上野動物園で、パンダに初見参。パンダの絵葉書を売っているのを買いかけて…。

あー…初めて涙があふれ出て来た。

「もう先生に届かへん…」

あんな、肩が抜けるような思いをした事は無い。

昭和四十九年四月七日　十吾死す

芸光院圓覚文福居士

〈昭和四十九年四月?日〉

（昭和四十九年八月十八日記）

東京から帰って、先生の仏前に額ずく。

息子一家は、伏見から南座横の先生の残された家に帰って来ていて、先生の妹さん（久富さん）が先生の孫娘の浴衣を縫っておられた。これから、この人の身の置き所は？

文さんが話す

勲四等か何かの勲章や銀盃を、夫の潤一さんが東京へ貰いに行って来た事。

先生のお葬式の日は土砂降りの雨であったそうな。

雨にもかかわらずようけの人やファンが葬式に来てくれた事。

（先生の葬儀は南座横の自宅で行われた。岡部（美代子）ちゃんからの手紙では、曾我廼家十吾の葬式にしては寂しかったと嘆いていた）

先生のお顔が可愛らしかった事。

ヨーロッパからの私の絵葉書を先生が受け取って、話されたという事。

「二年続いてのお葬式で、大変であったでしょう」と、ねぎらって辞した。

〈十吾伯父さん　巽慶子さんの電話で聞いた話〉

（巽慶子さん　十吾の妹の娘・俳人・今年百歳）

「伯父さんは常時家を二、三軒持ち売買をしていました。曾我廼家五郎から受け継いだ三階建ての家。空襲で焼けた心斎橋の家。島の内にもありました。犬が好きで、大型の洋犬が二頭いました。弟子は常時十人以上いて世話をしていました。

伯父さんの最初の奥さんは広島の芸者さんで病身だったため、大所帯の全てを取り仕切っていたのが松竹新喜劇文芸部の高須文七夫妻です。亡くなった後へ天外さんの世話で宮川町の芸者宮さんが直りました。

伯父さんは運動神経抜群、野球も好きで、『二階の奥さん』では「只今！」と新妻へ、下手玄関から上手座敷へ鞄を投げ、本舞台の天外さんがナイスキャッチ！『二階の奥さん』は数年後桂枝雀の噺家芝居でも上演されました。『下積みの石』でも舞台の天外さん（仙公役）へ伯父さん（万公役）が花道の揚幕から直球ストライクを投げ、天外さんがまたもやナイスキャッチングでした。」

「若い時分、伯父さんと神戸の多聞通を歩いていて、赤い塗りのこっぽり（高さのある履物）を見つけ、買って貰うことになりましたが、常から財布を持たない伯父さん、腹巻から幾重にも紙に包んだお札を出すので、恥ずかしくて困りました。」

『下積みの石』では笑いを取る所だ。心中者を助け、これまで貯めた腹巻の全財産まで渡した万吉の美談話、取り囲んだ新聞記者等が仙吉の手柄と早合点して…一人になった万公が空っぽになった腹巻を押さえて花道を入っていく。

半世紀後、某落語家が新生松竹新喜劇に客演、すっからかんになって花道のつけ際まで来ると、彼は「万歳」を一回して入ってしまった。隣席の一般客は「こんな入り方もあるのか？」と感心していたが…。

十吾は、空っぽになった腹巻を掴んで苦渋の足取りで花道を去り、胸迫る傷ましさ哀れさにこの男の行く末までが窺え、観客は涙したと言う。芸は細部に宿る。十吾の芸は真似の出来ない細やかさだった。神戸港の沖仲士など労働者のことを良く知ればこその芸であろう。時代の差、世相の差は勿論あるが、寛美の万吉は、満州からの引き上げで筆舌に尽くしがたい苦労をしたために、かえってリアルな芝居を逃げたのかも知れない。

近年、歌舞伎が上演できる劇場が少なくなっている。花道がないのだ。江戸明治大正時代の芝居小屋が幾つか残っているが、文化財で公演は少ない。レビュウの大劇場はオーケストラ・ボックスを囲んで銀橋が。ホール・公民館などには両脇道が普通だ。大博劇場の花道は長かった。南座は高い。名古屋御園座は役者に優しい劇場であった。両花道を使う『野崎参り、伊賀越え道中奴六』は忘れられない。回り舞台、花道は日本発明の世界遺産に他ならない。

引退後十吾は古本屋を営むつもりだった。膨大な書籍古本は、道頓堀の名物古書肆「天牛」に売り渡された。整理引渡しに一週間掛ったと言う。弟子時分に本を運んだ曾我廼家文童は、「五郎脚本全集」ほか欲しい本があったのにと残念がっていた。後日天牛から「本の間から出て来ました」と千円札や一万円札が返されて来たと言う。十吾は銀行嫌いで床の間の花筒にお金を入れ、くしゃくしゃに丸めた新聞紙で蓋をしていた。天牛には私も劇場の行きかえりに時々お供し、私が谷崎潤一郎の「少将滋基の母」を求めると「ほー」と言って微笑まれた。五十年後、慶子さんから、谷崎は十吾のあまりにリアルな老婆姿に「気味が悪い」と言い、十吾も又谷崎を疎んじお互いを避けたと聞く。天外が「細雪」の喜劇化を手がけた事が、十吾天外の別れの原因の一つと慶子さんは言われる。

十吾の上の妹さんがお母さんので、大黒座の女座主を助ける。十吾の注文でピエロの衣装を縫ったこともあったと言う。十吾は戦前の海外公演、台湾、韓国でも現地の衣服を着てうろうろ逸話を残しているそうだ。

戦後マックスファクターが普及するまで役者や芸子さんの化粧白塗りは殆ど鉛毒で、腎臓を病んで死に至ることが多く、十郎や十吾も辛い時期を味わっていたと言う。

大阪大学近現代演劇研究室へ寄贈した遺品のうち、十吾が最後まで身の側に置いていた水色のシャツの紙箱には、戦前の写真や俄の資料、朝日放送製作の十吾天外五郎八寛美共演の「本家はんと元祖はん」の写真他、手描きの折帖（生い立ちの記）などが入っていた。この紙箱を私は平成二十三年、阪急梅田三番街の古書街杉本梁江堂のウインドウで見つけた。何でこんなところに…？取あえず予約し翌日求めた。程なく阪神百貨店地下の向かいの萬字堂のウインドウに、桐箱入りの十吾手描きの絵葉書と五郎劇の公演葉書を見つけこれも求めた。

この他福岡の有名な博多人形師小島与一作の十吾像が二体。一体は戦前のまだ若い人形で阪神淡路震災の頃、高須文七氏から大阪の北花田のお宅を訪ねた折に頂いた。もう一体は昭和三十四年福岡博多の大博劇場公演（皇太子御成婚「奉祝旗行列」私も出演していた）

の折、楽屋へ与一さんが持参、プレゼントした。高田次郎がその場に居合わしたと語っている。十吾の死後二回ほど遺宅を訪ねた時文子さんから渡された。

十吾の衣鉢を継ぐ現役の俳優は高田次郎、曽我廼家文童、いま寛大の三人のみ。

十吾師の死後南座の柝の音の聞こえる縄手の家は現在吉兆になっている。

対談　十吾―舞台に賭けた人生

河内厚郎（演劇評論家）　小島のぶ江

小島　お久しぶりです。（桂）花丸さんの改作落語『ナイモンガイ』、天神橋筋商店街を冷やかす落語の催しに河内さんが司会されて、有栖川（有栖）さん、高島（幸次）教授がトークで出演されたとき、兵庫県立文化センターにお邪魔しました。

河内　あれ以来になりますか、今日は在りし日の道頓堀の芝居から話に入りましょうか。

司会　芦屋などの裕福な阪神間が道頓堀の芝居を支えていたそうですが。

河内　歌舞伎役者で終戦後、付き人に殺された片岡仁左衛門（十二代目）、ノーベル賞を受賞した湯川秀樹などが苦楽園にいました。戦後になってからは俳人の山口誓子や、ダイマル（ダイマル・ラケット：漫才師）…苦楽園には有名人が沢山住んでいましたよ。

小島　苦楽園は大阪平野が見下ろせて、見晴らしの良いところですね。

芦屋と苦楽園の間に仁丹山というところがあって，その森下仁丹さんのところへ十吾さんが女房と一緒に行った、ということを聞きました。

河内　藤山寛美のお兄さんも芦屋にいましたね。日本舞踊の藤間良輔。新喜劇の台本で「お屋敷」と言えば芦屋のことでした。

小島　寛美さん以前の「お屋敷」は大阪南の帝塚山や浜寺、落語では堺とか住吉さんでしたね。

河内　私が子供の頃は、曾我廼家十吾を「とうご」と呼んでました。「銃後の守り」から「じゅうご」とも言ったらしいけど。

小島　頭山満さんが命名したと聞いてます。あの人は孫文を匿ったり、「大アジア主義」を唱えた右翼の超大物でした。

河内　テレビのアナウンサーも「とうご」と言うてましたよ。

小島　どっちでもええ、と言うてはりました。十郎先生を敬愛してはりましたし、戦争中やから「じゅうご」て言うたんやと思います。

河内　私は松竹家庭劇を道頓堀の朝日座で見ました。

小島　文楽座ですね。あそこは中劇場で見よかったんですね。椅子と椅子の間に余裕があるんです。モスクワ芸術座の『桜の園』が来ましたが、十吾さんのおばあさんの演技を観て「ハラショー！」と絶賛したと聞いています。

河内　いい劇場でしたよ。ジャン＝ルイ・バローが、文楽の吉田文五郎に会ったそうです。フランスがナチスに占領されているときに『天井桟敷の人々』のようないい映画を作るから驚きます。

小島　あの映画は何べんも見ました。

河内　十三代目の仁左衛門、今の仁左衛門のお父さんが文楽座のちの朝日座で公演を打ちました。

小島　仁左衛門歌舞伎ですね。関西歌舞伎の上演がなくなって、十三代仁左衛門さんが私財を投げ出して公演した快挙でしたね。孝夫ちゃんがまだ十代の時やったかな。

河内　背が高くてガリガリでしたけど、舞台はその頃から綺麗でした。

司会　喜劇についてですが。

河内　喜劇という言葉は曽我廼家劇から始まったということで、この言葉が使われるようになってから一一〇年くらい経ちます。コメディーのことを、笑う劇（笑劇）にするとかいろいろアイデアが出たけど、喜劇という言葉にしたのはよかった。げらげら笑わないコメディーもあるから。逆に悲劇という言葉は失敗ではなかったでしょうか。シェイクスピアにしてもギリシア劇にしても、新派悲劇のようにさめざめ泣く芝居とは違うでしょ。僕は「運命劇」と呼ぶのがふさわしいと思います。主人公が雄々しく滅びていく、その運命に圧倒されるような芝居。Tragedyを悲劇と訳したのは、翻訳が違っていたのでは。

司会　運命劇ということは悲劇と喜劇は背中合わせなのでは？

河内　いや、喜劇はどんどん状況が変わってもいいけど、悲劇には圧倒的なカタルシスがあって…。フランス人にはそういう感覚、ワーグナーのオペラみたいな意識はないというか。やっぱりフランスは洗練された喜劇です。

小島　喜劇はフランスが本場なんですね。日本にも新宿にムーランルージュがありました。終戦後大陸から復員してきた従兄がムーランルージュへ連れて行ってくれたのを思い出します。森繁さんがいた頃です。天外さんは文芸路線をめざして脚本をどんどん書いていかれた、ゲラゲラでない作品を。

河内　劇作家として、プロデューサーとしての才能が、天外にはありました。

小島　舞台面は圧倒的に十吾さんに頼ってたと思いますわ。演技は、十吾さんは名人級です。戦前戦後、十吾さんのお婆さんの人気は凄かったそうです。

河内　演技力は十吾から寛美に流れていった。

小島　藤山寛美さんが受け継いでくれはってよかった…。

河内　寛美はリクエスト狂言なんか試みたけれど、文学的なアイデアはなかった。

小島　彼は本、書きませんからね。寛美さんにもいろんな夢があったみたいですけど、これまでの自分を取り巻いてきた環境を潰せなかったですね。座長の肩には座員などの生活がかかってますから…。

河内　六十近くなって借金を返し終えて、さあ次の人生が始まるところで、亡くなった。役者として頂点に行ったでしょうけどね。藤山寛美という芸名は花柳章太郎が名付け親やそうです。寛美のお父さんは関西新派の役者でした。曾我廼家十郎の系列に十吾も繋がってますね。自分で脚本も書けたし、役者と両方の才能がありました。『裏町の友情』なんか本当に面白い。これは十吾と天外の合作。十吾のペンネームは茂林寺文福、何百本という脚本を書いています。時代が変わるとタイトルを変えて、今も上演してます。

小島　せっかく（藤山）扇次郎、おばあさんができそうな人が出て来たのに、しないですね。直美さんもしないし、十吾・寛美からおばあさんの芸は止まってしまって…（古川）ロッパもみんなおばあさんしてましたよ。

河内　昭和四十七年の三月、『笑うて通ろ～ある喜劇役者の生涯～』という曾我廼家十郎の生涯を取りあげた芝居が中座でありました。和老亭当郎というのが十郎のペンネームで、二代目（中村）鴈治郎が十郎の役、金田龍之介が曾我廼家五郎、島田正吾が新国劇の澤田正二郎の役でした。

新喜劇の役者といえば、千葉蝶三郎は飄々として面白かったですね。曾我廼家鶴蝶も上手かった。

司会　喜劇は、フランスの路線とは全く違ったものが日本で発達したのですか。

河内　新喜劇で『細雪（谷崎潤一郎・原作）』をやりましたが、名作の『細雪』が喜劇だと見抜いたのは、さすが天外。

小島　『細雪』は大阪ことば。上方ことばそのものが喜劇ですね。同じブルジョワの物語でも、江戸弁では成立しない…。

司会　十吾さんはどういう路線を求めていらっしゃったのでしょう。

河内　文学作品を取り込むというのではなく、基本的には俄ですけど、それでも面白

小島　い脚本を書きました。庶民のことをよく捉えてたから。『鼻の六兵衛』を書いたのは十吾さんですよ。五郎さんの劇団の文芸部にいた頃に書いたんですが、兵庫県の篠山あたりに、鼻の利く女の人が本当にいたらしいんです。実話があるから鼻の六兵衛が生まれたんだと。単に鼻の利く人がいたというだけであれだけの芝居に膨らませることができた。『鼻の六兵衛』は、五郎、十吾，寛美、直美（女替え）で演じ続けられています。

司会　先生がお好きだった十吾の脚本は？

河内　晩年で観たのは、「アットン婆さん」。

小島　あれは配役が適材適所でしたですね。石河薫さんも出てましたしね。私も意地悪な方の女中の役で出ていました。（笑）

河内　石河薫は昔、帝劇の女優養成所にいたそうです。あの人は逆瀬川辺りに住んでいました。

小島　阪急で通勤してはりました。

司会　十吾さんの人気が落ちたのは天外、寛美さんの人気が出たからだけですか。

河内　やはり時代と合わんようになってきたということもありますね。
小島　天外さんには作家たちの応援もありましたし大阪南部の富裕層もご贔屓さんでした。
司会　俄は、今の一発芸とは違う？
小島　時代のスピードが激変してしまいました。語り芸の下地、琵琶や三味線などの素養が人々になくなって。
司会　十吾さんの演技力、笑いは、今には活かされないのでしょうか。
小島　文芸部の米田（亘）さんが「山椒の会」をされて、五郎さんの芝居を取り入れ、曾我廼家の名を若い人につけて残そうとしてはります。古いものを掘り起こそうともしていたんですがね。
今の若い有望な人達は、芝居，舞台でなく漫才の方へいってしまう、役者になってくれる人が少ないですね。今年度の国立劇場の文楽研修者募集がゼロですもの。
河内　まあそれでも脚本がいいのは残るでしょう。茂林寺文福でも館直志（天外のペンネーム）でも、一堺漁人（曾我廼家五郎）でも。昭和四十年あたりまで、新派は歌舞伎と同じくらい人気があったんですが、水谷八重子が亡くなり毎月公演できなくなった。新喜劇も寛美がいなくなって、圧倒的なスターがいなくなってしまうと衰えていく。家庭劇も十吾の存在が圧倒的でしたから。

小島　その点、歌舞伎や宝塚はスターが次々出て、トップが入れ替わって続いていく。

河内　宝塚はトップ十年制ですね。

小島　それにしても、十吾は人間国宝になってもよかったのにと思います。現役時代に断りはったみたいですね。大谷（竹次郎）会長が推挙しはった事があるらしくて、その時に、要りまへんと。その時機、時代を逃すと、もう巡って来ないものです。

河内　東宝系の喜劇人では森光子や藤田まことが西宮北口に住んでましたよ。森光子は昭和三十年代、宝塚の新芸座に出て朝日放送でレギュラー番組を持ってました。菊田一夫が見て「あの上手い子、誰や」、それで東京へ行くことになった。以前はミスワカナの弟子になって漫才もやったんですね。

小島　ああ、そやから、間がぱっぱっぱっぱと。女優さんには珍しい間の良さでした。西宮北口は便利ですわね。

河内　神戸の新開地にも、宝塚にも、もちろん大阪にもすぐ行ける。ミスワカナも西宮球場の演芸大会で倒れて亡くなりました。

小島　昭和五十年ぐらいまで新開地にあった松竹座はいい寄席でしたね。太棹の三味線を弾く三人奴が、風呂敷に三味線を包んで省線（ＪＲ）の神戸線に乗っているのを見かけました。

河内　神戸駅の駅前、楠公さんの傍に八千代座がありましたよね。空襲で外側だけ焼け残ったそうです。あれは巽（慶子）さんのおばあさんの劇場やったそうです。河内先生と巽さんの対談を聞きに行った時、巽さんが十吾さんの姪だということがわかって、すごく驚きました。
それにしても、寛美さんを他の部門の役者さんと組み合わして、何か芝居ができなかったんかと。借金問題でいっぺん新喜劇を追い出される前、瑳峨三智子らと映画にも出ていましたがね。

司会　関西の劇と関東の劇について

河内　関西は個性の強いスターが多かったから座長芝居になってしまい…座長が死ん

だら終わってしまう。

司会　十吾さんは九州でも大活躍されてファンが多かったそうですね。

小島　昔は台湾にも韓国にも長期公演に行ってはります。

河内　戦前ですね。博多は俄、喜劇が盛んで、戦後も博多淡海とかいました。

小島　十郎さんの舞台は東京でも人気が高かったようです。十郎さんはさっぱりしてはって、東京で受けが良かったそうですよ。

河内　くどくなかったからですね。曾我廼家五郎はくどかった。

小島　私がいた時にも東京公演が年に三回ぐらいあり、上方の舞台中継は東京で人気がありました。
十吾さんの『鼻の六兵衛』もさっぱりしてました。寛美さんみたいに、ふざけたり、いちびったりしなかったですね。寛美さんは楽屋に借金取りが待っていたからでもあるでしょうけど、笑わせといて、その間、疲れをごまかしてた……歌舞伎仕立てですから体力の消耗が激しいんです。

司会　十吾さんは晩年、独り寂しい暮らしになられたようですが、喜劇役者として最後までどうありたかったのでしょう。

河内　本人がとぼけて、というか、正直に言わなかった。天外のほうが早く倒れたために、自分が何をやりたいかを知っていたという気はします。

小島　私の考えですけど…天外さんと二頭座頭で、絶妙なコンビで、旗上げから人気劇団になっていきます。新国劇も二人座長で七十年の歴史がありましたね。新派も花柳・水谷の二頭で。でも、自分で脚本を書かなければならない喜劇は、やっぱり二人は無理だったのではないでしょうか。

河内　天外と袂を分かつのは仕方ないことでした。「わたい、死に下手や」て言うてはった。役者は長生きしすぎたらいけないんです。私、俄は知らないんです。十吾さんはあくまでも俄にこだわってはったんやと思いますが。

小島　義太夫は、船場の商人の素養、常識であったようですね。旦那衆は義太夫を素養として持っていた。エノケンなんかでも歌舞伎のパロディで売り出していますね。皆、歌舞伎が下地にあって、それをパロディにしたり、オペラにしてハイカラに持ってくるという感じで、それぞれ料理していったわけです。

河内　新派の女形で九十何歳まで生きた、喜多村緑郎。この人はリアリズムの芝居で、芝居というよりそのままでやる、真の名優だったと言われています。

小島　女形としては十吾さんと似てはった。長火鉢の前に坐って…リアルな芝居で存在感がありましたね。

河内　女形というものをどのようにお考えです？　天外さんはすぱっと切りはったけど。芝居というのは本来作り事やから、男が女を演じる事があっていい。新派が面白いのは、女形がいて、女優もいる。西洋でもシェイクスピアの時代は少年が女を演じたりしたけど、女形も女優もいるというのは日本の芝居の大きな特徴の一つです。

小島　けど新派もこれからは難しいやろうね。新派に英《はなふさ》太郎（初代）いう役者が居て、この人は関西新派から東京に移った人でした。なんか、出しゃばらない、非常にお行儀のいいイメージがあります。日本は歌舞伎などでも男も女も両方しますもんね、花柳章太郎さんとか勘三郎さんとか。文楽座で五郎さんの『犠牲の舟』を、沢村源之助さんをゲストに上演していきます。源之助さんの色気は女形だから出せるものでした。家庭劇も時代劇の手だれの俳優が揃っていましたから。

司会　十吾さんも歌舞伎と深く関わっていた？

河内　若いときには歌舞伎に出てますからね。

司会　そこから丁稚、オバアさん役と…。

小島　お母さん役は少ししかありませんね。十吾さんは幼い頃にお母さんを亡くしているんで、自分に母の思い出が少ないんだろうと思いますわ。

司会　十吾さんがテレビを嫌ったというのはどういうことでしょう。三次元の芝居に対して、平面の画面で表現できる筈ないと。

河内　天外はある程度テレビに合わせられたけど、十吾はしんどかったんと違うでしょうか。やはり演劇は一期一会であって、テレビに出たり記録するものではないと思っていたんでしょう。

小島　機械はだめと思ってはったと思います。

河内　この二、三年、You Tubeで、昔の舞台でも何でも見られるようになった。権利の問題はあるかもしれないけどいずれ何でも見られるようになるでしょう。そうするとテレビはもう見なくなるかも。もちろんなくなりはしませんが。ラジオだってなくならないでしょう?でもテレビの時代は終わるかもしれません。

小島　水谷八重子さんの仕草は、一つずつ本当に唸るほど綺麗で、納得が行くんですね。かちゃかちゃっと下駄の音させて天神さんへお参りするんでも、布引き、土の場には音をさせないで歩くんですよね。そういう細かい芸をテレビは捉えられないですよ。十吾さんにもそういうもどかしさみたいなものが一杯あったんだろうと思う。工夫してやっているのに映してくれない、それが悔しかったんやと思います。

河内　お客の何パーセントが見極めているかは別の話で、新派が好きで堪らない人の中には、水谷八重子さんのあのしぐさ、女の可愛らしさが山田五十鈴とは違うということがあるんですよ。

小島　文楽の人形遣い、吉田和生さん（芦屋市在住、人間国宝）がテレビ中継は難しいと言ってます。演技している横で、じっとしている役も雰囲気がある。全体のオーラを見ることが大切やのに、テレビはそれをわかってくれないと。十吾さんも同じことを考えてはったんでしょうね。実際、映すべきところが映ってないことがありましたからね。

司会　今後、喜劇も含め、舞台はどう展開していくのでしょうか。
河内　生（ライブ）の芝居がなくなることはないでしょう。
小島　テレビで売れた人はみんな生の舞台をしたくなるんですね。テレビで名前を売っといて舞台に立つ。そういう人が多い。
司会　やはり舞台が芸の粋だということですね？
河内　若い人気タレントを蜷川幸雄が鍛える。蜷川さんには何度か会ったけれど、根は優しい人で、下手な子でも華(はな)のある子は使ってました。華は大事ですから。
小島　十吾さんと同じこと言うてはる。身体で売る子、顔で売る子、演技で売る子、それぞれの持ち味を生かして使う。
司会　家庭劇は、笑いを取るばかりではなく、真を突いた真面目なお芝居が多かったのですか。
小島　私も十吾さんの『競輪ばあさん』での演技がまだ脳裏に焼き付いています。十吾さんが七十代半ばだったかと思います。息子を止めさせるために自分が博打にはまる親の話ですが、それは鬼気迫る演技を見せはりましたね。

脇を固める俳優、女優にはいつも、喜劇と思うな、と言うてはりました。私たちが真面目に芝居をするということが大事なんです。いちびったりこけたりする必要はない。日常の生活を演じればいい。そこへ十吾とか寛美とかが出てきて、どかーん、と大爆笑をとる。だからアンサンブル、寛美さんなら寛美さんの劇団、いつもやり馴れている傍輩衆が必要なんです。脇が充実してないと笑えないんです。

河内　今後の喜劇いうのは、人情的な観点からどない思わはります？　人情が変わってくるでしょうか？

司会　台本がよければ、その芝居は残っていくと思います。近いうちに大きな転機があるような気がしますね。

今の番組は喜劇とは言えない、無理矢理笑わせているようで広がりがないように思いますが。

小島　人どうしの関わりが難しくなって。世界的にでしょうね。何かてんこもりのパフェみたいに、次から次から盛り上げ行けばいいような。小さなアイスクリームで十分満足なのに。

司会　十吾先生のあとを繋いでくれる俳優さんが出ないものでしょうか。

小島　出てきただけで笑いがこみあげるような芸人さんがいなくなってしまって。亡くなった十八代目勘三郎、勘九郎さんみたいな人が出てきてくれたらいいですよね、今のセンスのね。

水谷八重子の畳での立ち座りは、いま思い出しても溜息が出るほど綺麗でしたですね。女形と共演して初めて実感するものです。女形は和服で成立しますよね。

河内　女形に合わせて本ができていましたからね。川口松太郎も久保田万太郎も。北条秀司あたりから少し変わってきた。

小島　北条さんは蜷川さんより怖かったみたいですよ。でも十吾さんはもっと怖かったと言います。

河内　菊田一夫は稽古をつけていると熱中してきて、全部自分が演じてみるらしい。またそれが巧くって、と森光子が言ってました。

小島　芝居が好きでこの世界に入ってきた人は、皆、役者になりたかったのが根本にあるでしょうね。文芸部さんでもそうでしょうね。

司会　曾我廼家十吾は、演じることは勿論、脚本も何百本と書いたそうですが。

河内　昭和四十年以降、高度成長期に入るとやはり古くなっていった。時代に翻弄されましたね。

小島　テレビができて、家電の三種の神器ができてから、家庭劇というのは古くなりましたね。でも「アットン婆さん」なんか、老人問題で現代でも大事な、永遠のテーマでしょう。人生百歳になっているんですから。ただ、着ているものが洋服だし、畳も少なくなって。西洋と同じ生活になっているから、それに合わせて変えていくという。

司会　寛美の松竹新喜劇はテレビを意識したものですか？

河内　初めはそうやなかったやろうけど、どちらにも通用する芝居でしたね。

小島　エノケンとかロッパとかは音楽を付け足して戦前すごい人気になりましたやん。それは東宝のやりかたであって、松竹は寅さんみたいな人情劇になってしまう

河内　んですね。

小島　東宝は邦楽じゃなくて洋楽ですから。長谷川一夫の東宝歌舞伎を見に行くと、一本目は舞台、二本目は踊り。光源氏をやった後で、マンボを踊ったりするからね。

河内　宝塚もそうですわね。天津乙女は洋楽で鏡獅子踊ってはりました。十吾さんのは役者の出入りにお囃子がつくんです。十吾さんは歌舞伎仕立てなんですね。

小島　曾我廼家家庭劇は基本的に、お囃子が合いましたね。俄も新派をはじめとする諸演劇も、喜劇も、すべてが歌舞伎に通じているんです。

河内　ああ、おっしゃる通りです。

司会　源流は歌舞伎なんですね…。ありがとうございました。

上方喜劇の系図

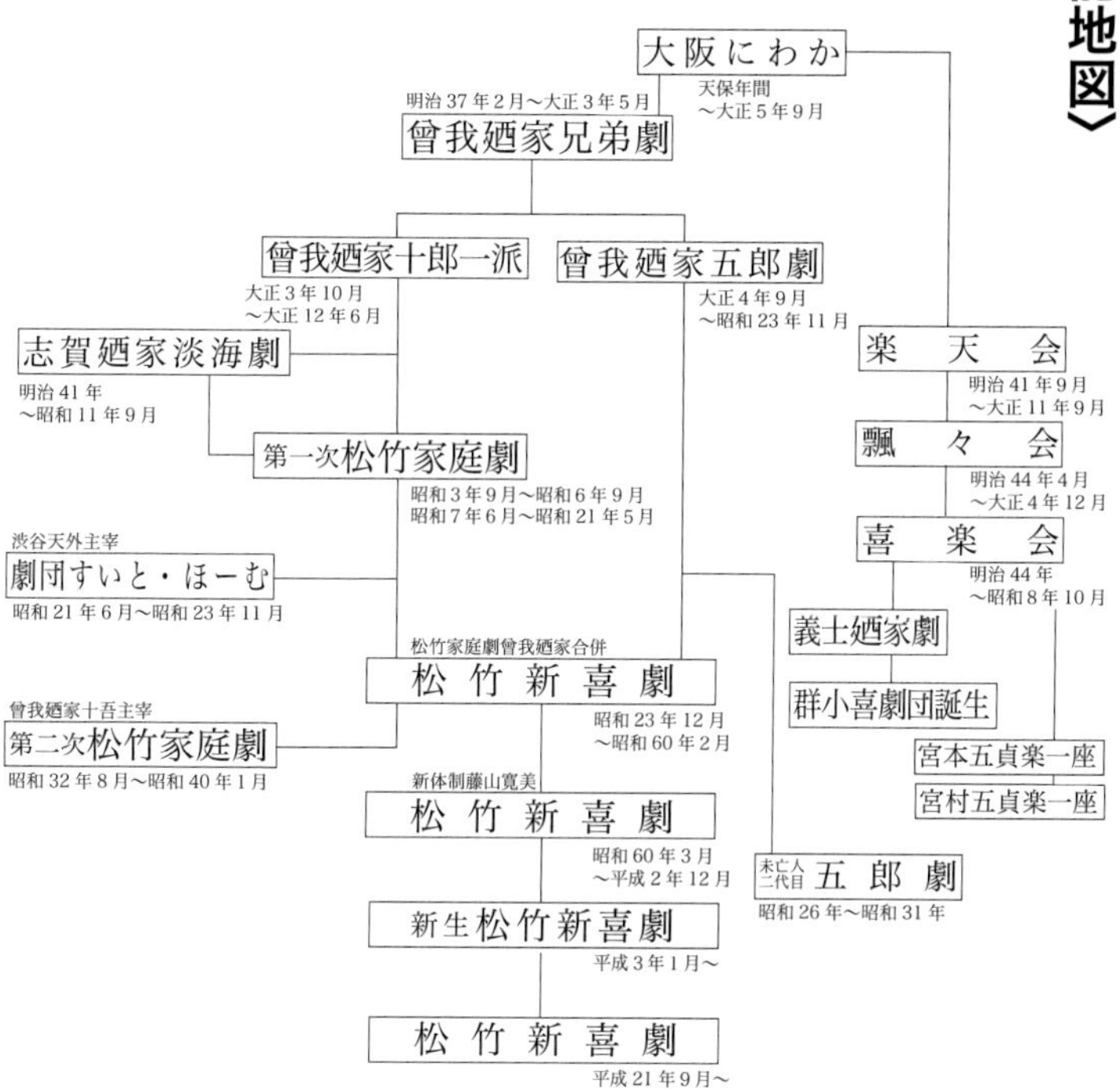

松竹株式会社提供

伝統芸能：琵琶　浄瑠璃　能　狂言　歌舞伎　講談　落語
　　　　俄　旧派

政治演説―書生芝居―おっぺけぺー・川上音次郎・新派・
　　　　（明治以後）喜劇

写真、実写映画、西洋物（活動弁士―映画説明）―新劇

音楽劇―オペラ・レビュウ・ミュージカル（オペレッタ）

俄

江戸時代から明治時代にかけて，宴席や路上などで行われた即興の芝居。一般的にお笑い文化の源流であると考えられている。

全国各地に存在し、大坂では享保時代に俄が存在していたことが伺える。宝暦・明和時代には道頓堀に俄専門の舞台が作られた。

太平洋戦争以降二代目露の五郎兵衛が活動し、以後弟子らに受け継がれている。

曾我廼家五郎・十郎が歌舞伎から出て喜劇の興行を打ち、これが新喜劇に繋がった。子役の俄師出身であった曾我廼家十吾は松竹新喜劇の旗揚げメンバーとなった。

オッペケペー節（P70参照）

明治中期に壮士芝居の川上音二郎が演じた流行歌。後鉢巻に赤い陣羽織を着て日の丸の軍扇をかざして，大喜利の余興として歌った。自由民権思想を歌詞の中でズバズバ言ったので、当時不満を感じていた民衆に爆発的な人気となった。

川上音二郎は新派劇の創始者であり、「新派劇の父」と称されている。

新派

明治21年「壮士芝居」「書生芝居」に始まり、自由民権運動の広告塔の役割を果たす新たな現代劇として発達する。旧派の歌舞伎に対して新派と言われた。

書生芝居
明治時代、壮士または書生と呼ばれた青年知識階級が、政府の政治運動弾圧に対抗して自由民権思想を民衆に訴えるために興した新演劇。
旧派
わが国在来の歌舞伎などの演劇の総称。旧劇とも言う。
新劇
旧派、新派に対し、明治以降に展開されたヨーロッパ流の近代的演劇を目指す日本の演劇。翻訳劇を中心にに始まり、関東大震災後に築地小劇場が作られ、文学座、俳優座が続いた。
実写映画
実況や実景など、模型やセットを使わずにあるがままの様子を写し取った映画。記録映画。
西洋もの
映画の草創期は無声映画で、日本の映画館では楽士の生演奏とともに活動弁士が映画説明を語っていた。他の国では生演奏だけで見るのが普通で、「活動弁士」は語り物文化の発達していた日本独特の映画文化であった。

〈曽我廼家十吾の命日墓参り〉

平成二十四年春

京都市左京区黒谷金戒光明寺内　真如堂墓地　西海家墓前
左から松竹 OB 佐原信一氏、鈴木宗男氏、小島のぶ江
（曽我廼家誠写す）

（因みに鈴木氏はこの１ヶ月後 90 歳で亡くなられる）

なお真如堂には故永山松竹社長の寄進した
石灯篭が参道にある。

〈十吾の家庭劇・同窓会〉

昭和三十三年

十吾の家庭劇第一回東京公演（於新宿第一劇場）

神宮外苑にて

水引千景、由良路子、十吾先生、小島のぶえ

家庭劇の想い出

中原憲昭（元高松市大乗寺住職）
（家庭劇アンケートより抜粋）

小生は『笑いの王国』研究生から出発し、解散後家庭劇に拾われた。その時思ったのは『別世界』。

一つの芝居が終り次の芝居までの短い幕間に、その芝居に出ていた殆どの人が十吾先生の部屋に集まり駄目出しを聞く。当時小生はミキサー室からその芝居を見ているので、どこをどう駄目出しするか部屋の後ろでいつも耳を傾けたものだ。

舞台稽古では、台本が態を成さなくなるほど口だてでセリフをつける。といっても、セリフをつけるならわかるが、「こんなイキで」と役者にセリフを渡してしまうのだ。

下座音楽はといえば、テープの時代にこれをまた生でやる。

毎日毎日ミキサー室から芝居を見る。十吾先生の「おばあちゃん役」はインパクトが強過ぎて違和感を覚えるくらい、強烈な印象として残っている。十吾先生の芝居を見るときはストーリーを追うことをせず、セリフ回しや間を楽しんでいた。

「笑いの王国」研究生の頃、芦屋雁之助がこう言った。

「芝居好きか？」

「はい」

「悪い病気にかかったな」

小生は曾我廼家五郎、十郎の流れを汲む最後の劇団に所属していたことを誇らしく思う。松竹家庭劇は別世界であった。

『第一回同窓会　明石くらぶにて』
(平成 14 年 10.15　十吾の死後 28 年目)

(補足：座員の同窓会は計 5 回催された)

曾我廼家十吾のあゆみ　（本名　西海文吾）

明治二十四年　十二月神戸市仲町六十六で出生。

明治三十二年　九才、大阪俄大門亭大蝶に入門。大門亭文蝶を名乗り、神戸の橘座で初舞台を踏む。

明治三十三年　大蝶が巡業地高松より播州大門に帰って死去、兄弟子大輔につく。

明治三十五年　大輔に勧められ歌舞伎俄の脚本勉強のため、尾上和田蔵に師事。

明治三十七年　歌舞伎劇も新演劇も、喜劇を切り狂言に出すのが流行。歌舞伎から離れ橘座の俄に戻る。

明治三十八年　千日前竹林寺前の羊羹屋へ養子に入った新派の大幹部松平竜太郎がキリン亭鳳凰という名で組織した喜劇団に加入。

明治三十九年　曾我廼家兄弟一座が中座で公演中和田蔵の世話で十郎に弟子入り、曾我廼家文福と名乗る。

明治四十一年　十郎門下の一満、虎、七三六ほか新左エ門、扇蝶、時子、蝶八について退座。

明治四十二年　大和屋宝楽一座へ曾我廼家青年一派合同という看板で堀江明楽座に出演し大成功。八月角座公演の際、宝楽の出る狂言「信号機」で初めてお婆さん役を演じ受賞。弁天座（現朝日座）で、キリン亭鳳凰の松平と深沢恒夫が楽天軍という名で旗揚げ初公演、加入しお婆さん役で出演。

明治四十三年　曾我廼家箱玉の一座が、松平竜太郎と合同、京都の夷谷座で楽天会になり（深沢恒夫は帰京）箱玉が中島楽翁、鶴家団治は渋谷天外と改名。文福は義士の家由良之助一座に加入。

明治四十四年　京都の新京極朝日座で歌舞伎の嵐儀三郎が時田一瓢と改名して瓢々会の代表者となり、文福も招かれ加入。

明治四十五年　広島本町演芸館で常打ちする大阪俄の信濃屋尾半、大門亭東蝶一座へ千駒興行に呼ばれて加入。尾半一座を蝶鳥会と改め九州を巡業。

大正二年　一月に曾我廼家太郎に頼まれ、東京本所寿座に出演。二月には台湾台北の朝日座座主に三ヶ月の売興行（内地の三倍の給金）で台湾へ、各地共満員。台中の興行師九十九に頼まれ、曾我廼家五郎兵エと光雄を誘い、居残り新派の俳優を集めて台湾コメディを組織、各地を巡演。十郎は体調不備のため五郎と別れて郷里の伊勢松阪に帰っていた。

大正三年　曾我廼家五郎は愛人と二人で欧州へ外遊。五郎門下三十数人の頼みで、白井会長と豊島が松阪で玩具製造をしていた十郎に五郎門下の窮状を話し、十郎を劇界に引き戻し十郎一座を組織。外遊中の五郎は、日本宣戦布告により八月十五日ドイツから逃げ帰朝。

大正四年　五郎は曾我廼家の劇団名を消して新派を誘い、国民劇団の名で新しく一座を組織したが、白井会長や各地座主の反対に遭い、新喜劇を取って曾我廼家五郎劇と変え、帰朝第一回興行を中座で公演。文福は十郎に呼ばれ九月台湾より戻り十郎劇団に入る。

大正五年　桜橋の堂島座で十郎劇団開演中に退座。舞台に出ると知れるため、呉の平松興行社の喜劇蝶々会の脚本を数冊書いて演出。十郎の許しを得て文福茶釜一座の看板で九州各地を巡演。

大正九年　平松興行社から離れ、独立劇団になる。

大正十一年　十郎が病気静養のため、座員は全て淡海劇に加入。文福は神戸聚楽館の壷井重役に頼まれ出演中、松島八千代座座主である吉田と専属劇団になる契約をするも松竹の多田に叱責され破棄。中国から九州へと巡業。

大正十二年　八月博多の大博劇場に出演中、松尾国三に頼み一座を二派に分け、大牟田の劇場に出演。九月一日東京大震災の報を聞く。御殿場にある十郎の別荘も家屋倒壊。

大正十三年　九州劇場にて文福茶釜一座で公演、九月より向う四ヶ月間を京城の寿座座主姫野と巡業の契約を交す。十二月京城で十郎死去の訃報を聞き心の支えを失う。

大正十四年　四月小倉常盤座公演中、浅草の興行主である木内、掘に招かれ上京。静岡、浜松、豊橋、岡崎、名古屋、京都にて公演するも、松竹の重役、豊島らに叱責され松竹専属となる。

昭和二年　五月中座で十郎三回忌追善興行のため、白井会長の勧めで曾我廼家十吾と改名。

昭和三年　九月角座にて家庭劇を組織。幹部は小織桂一郎、藤村秀夫、高田亘、石河薫、東愛子、米津左喜子、曾我廼家宗雄、一郎、三郎、御門啓輔，渋谷一雄の顔ぶれ。昭和二十年解散までに曾我廼家十次郎、山田隆也、森英次郎、志賀廼家淡海、森野鍛治哉、及川武夫、泉虎、田村楽太、賀川清、多田通雄、元安豊、松平よし子、小松高子、宮村松江、浪花千栄子などの参加を見る。

昭和四年　一月渋谷一雄が二代目渋谷天外を襲名。

昭和八年　一時退座していた天外が復帰。

昭和十八年　天外、浪花千栄子、曾我廼家富士夫（松井）等が退座し新家庭劇を組織、地方を巡業。

昭和二十年　腎臓病のため家庭劇を一時解散。

昭和二十二年　体調やや回復し遊び心で漫才台本を書く。漫才を試そうと吉本興業から漫才師五人を借り、漫才と喜劇の合同という看板で地方巡業。不評不入で借金を抱えたが白井会長が請け負う。

昭和二十三年　松竹に呼び戻され五郎一座に特別加入、二幕だけ務める。五郎が入院したため代役で地方巡業を続ける。十一月五郎喉頭ガンで死去。白井会長より五郎一座と家庭劇の座員を合し新喜劇を組織するよう指示があり、藤井重役が座員の席順を決めるも不満退座者が出る。十吾体調不良のため天外が仕事を代わり、十二月中座で新喜劇初公演となる。この年五郎の死の翌日多田重役も死去。

昭和二十六年　一月二十三日、白井会長死去。悲嘆にくれる。

昭和三十一年　二月松竹映画の「狸」を下加茂で撮影。出演後、映画監督を夢見て松竹新喜劇を退団。

〜三十二年　東映の松田定次監督の門下になり、旗本退屈男の撮影を見学。その後松竹映画で十吾の作品を撮る話が出、松田監督の許しを得てシナリオ「家出息子」を書く。十二月十郎の親戚より松竹劇場で十郎三十三回忌追善興行の依頼あるも参加俳優がなく、大谷会長より文楽座（後朝日座）の使用と俳優募集の許可。東映の松田監督の許しを得て新人募集し、七百数十人の中から数十人の若い男女、六十歳以上の老女数十人を採用。七日間の稽古で五種五幕の狂言を家庭劇初公演。劇評まずまず。

昭和三十七年　「大阪市民文化賞」受賞。

昭和三十九年　十一月、蝶々雄二参加の南座公演を控えて稽古中、胃潰瘍と神経痛で入院。

昭和四十年　一月回復、朝日座公演を務める。

昭和四十八年　二月妻宮子死去。
「紫綬褒章」受賞。

昭和四十九年　四月七日死去。

画帖より

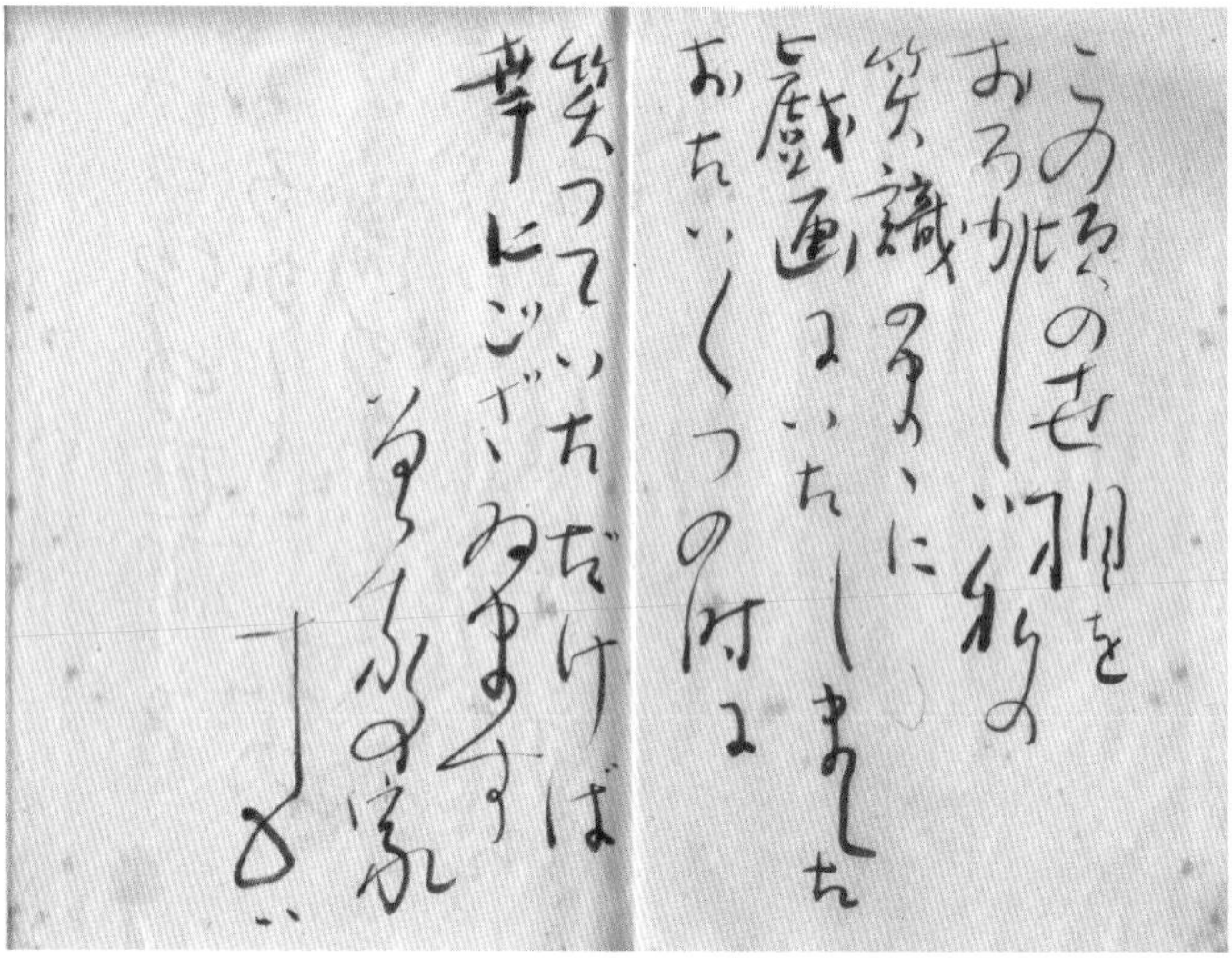
戯画にいたしました
笑っていただけば

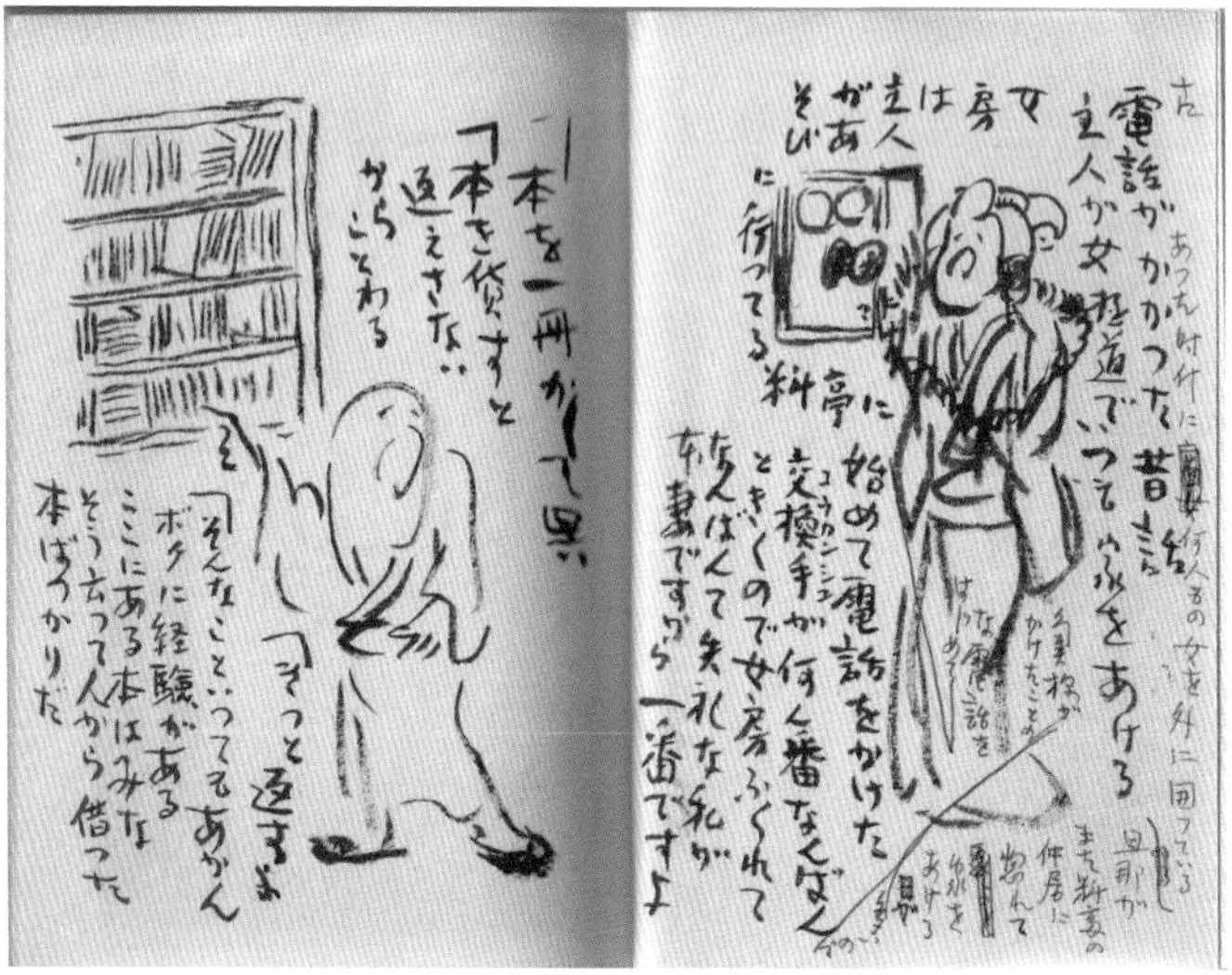
本を一冊かして呉
「本を貸すと返えさない」からことわる
「きっと返すよ」
「そんなこといってもあかん
ボクに経験がある
ここにある本はみな
そう云ってんから借った
本ばっかりだ
電話がかかった昔話
始めて電話をかけた
一番ですよ

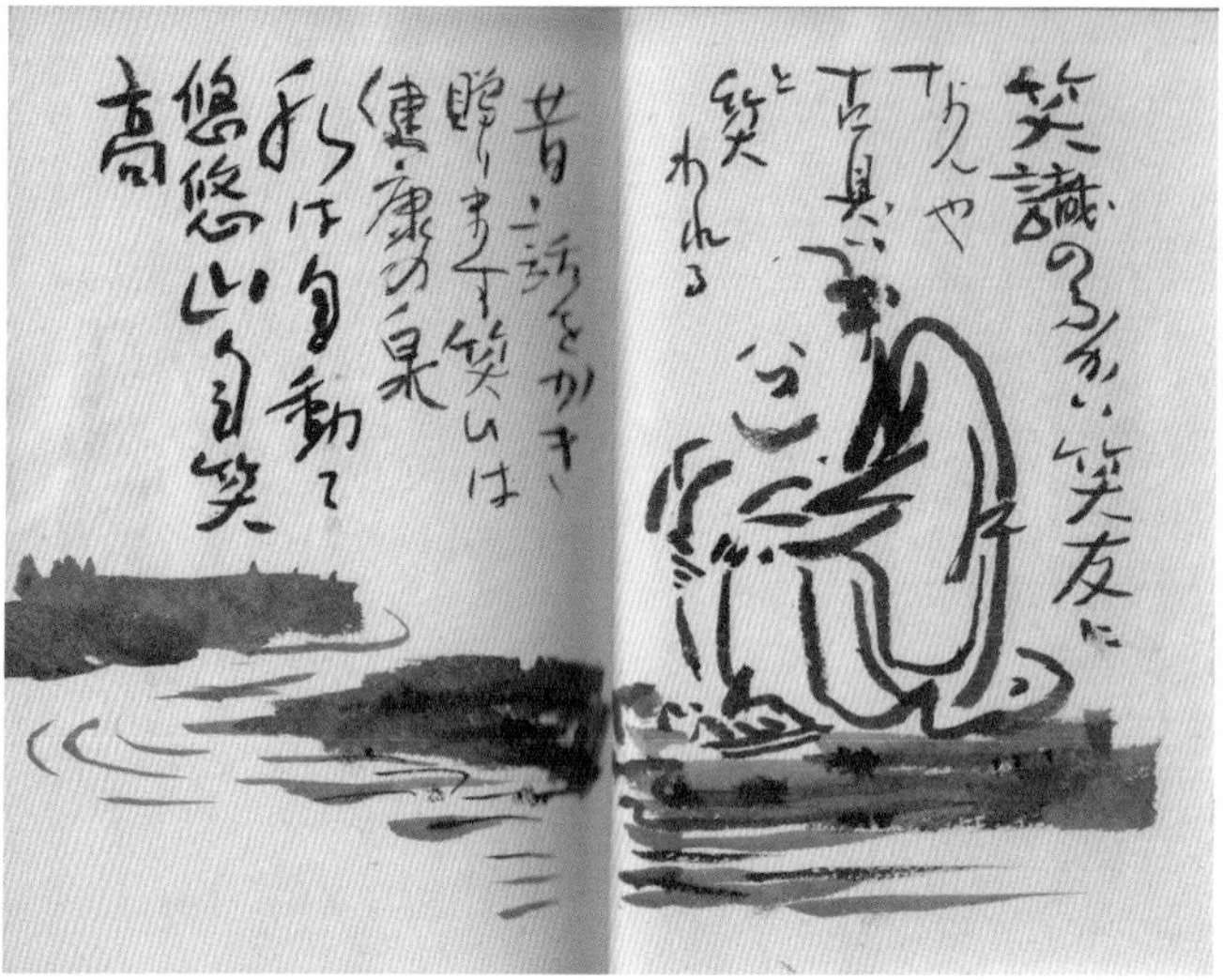
笑識のろかい笑友に
なんや
古臭い
と笑われる
昔の話をかき
健康の泉
私は自動で
悠悠自笑

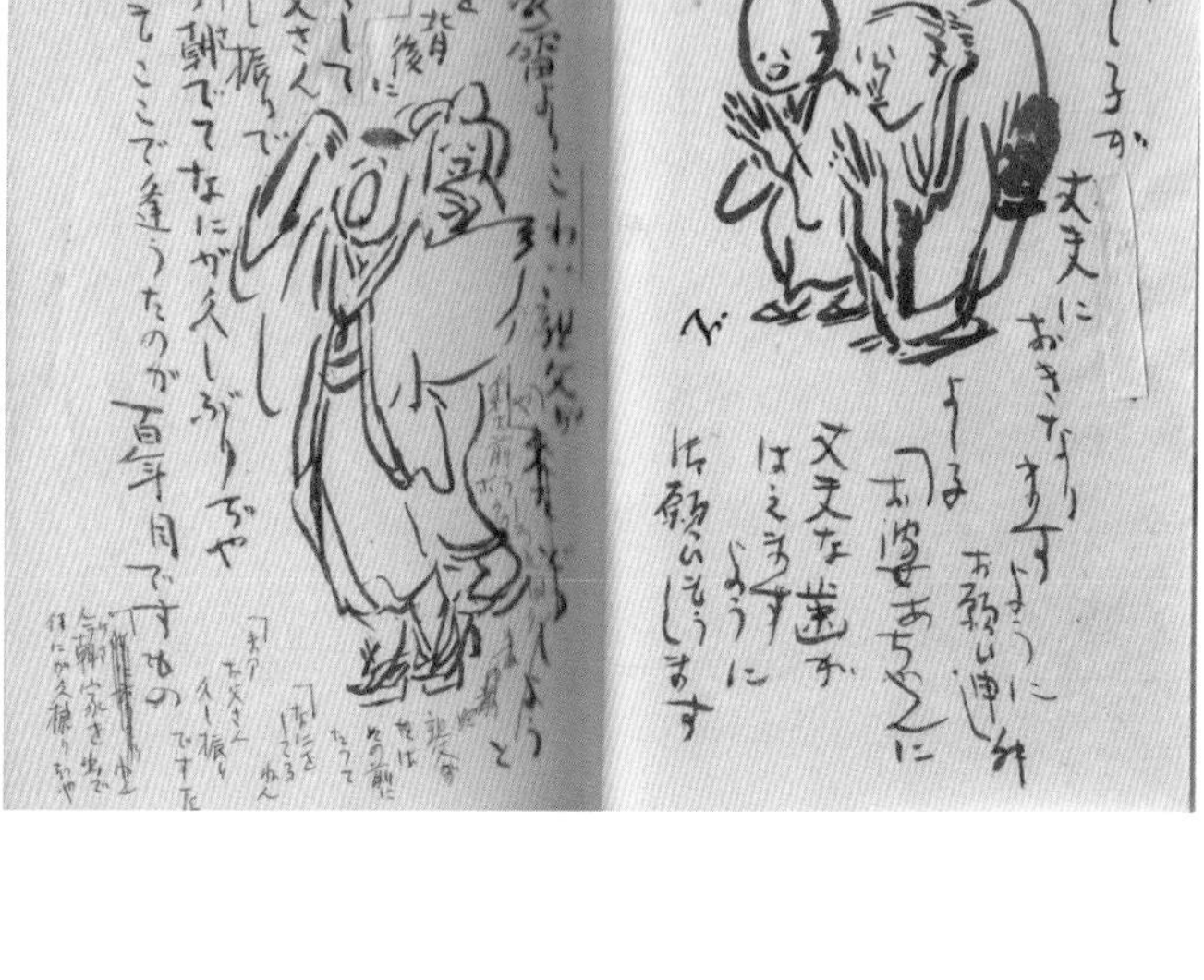
お婆
よし子が
丈夫に
おきなりますように
お願い申し上げ
よしは
お婆ちゃんに
丈夫な歯が
はえますように
お願いもうします
女を背後に
かくして
伜「お父さん久し振りで
父「今朝でてなにが久しぶりぢや
伜「でてここで逢うたのが百年目です

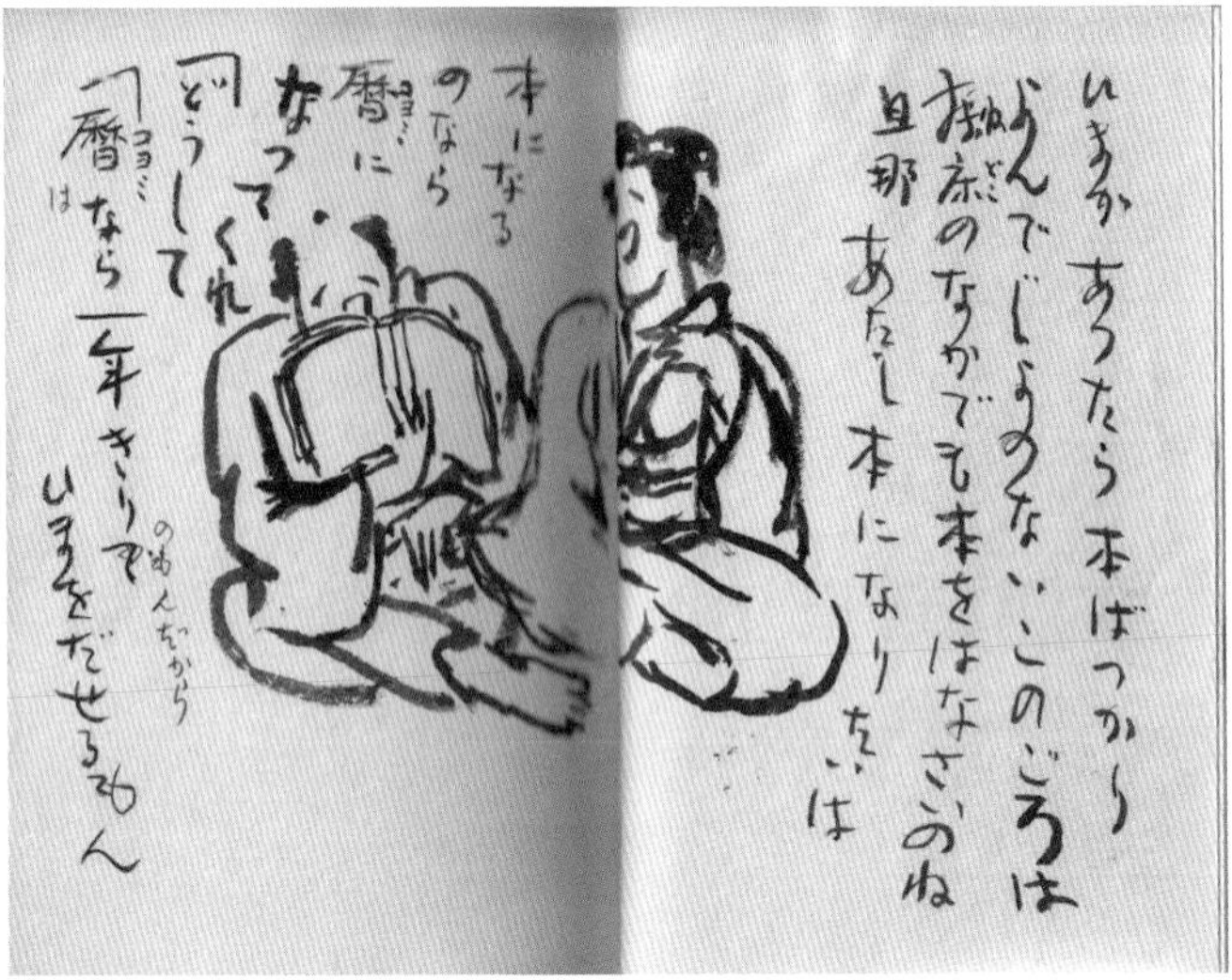
ひまがあったら本ばっかり
よんでじょうのないこのごろは
御新造のなかでも本をはなさいのね
旦那あたし本になりたいは
本になるのなら
暦になってくれ
「どうして」
「暦ならは一年きりでいまをだせるもん

舞台案内、御礼はがき

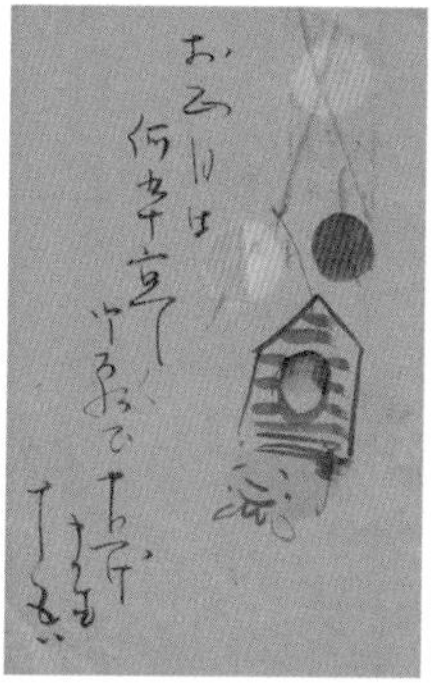

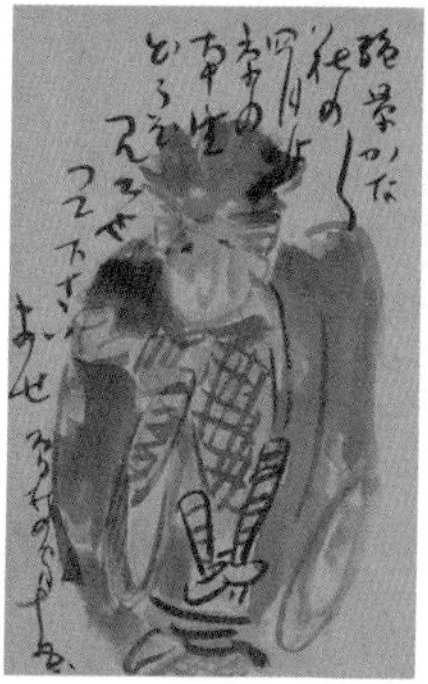

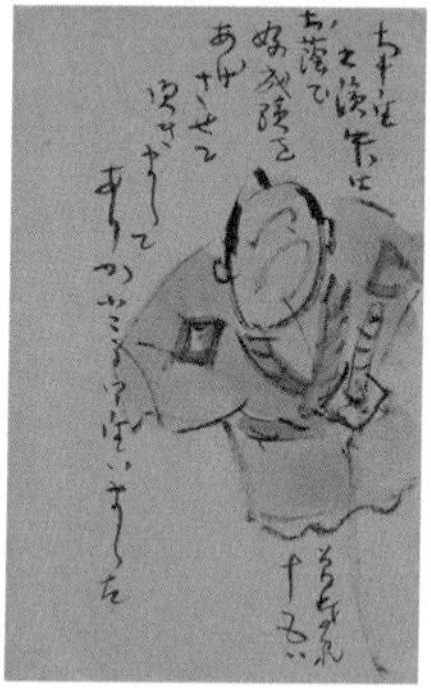

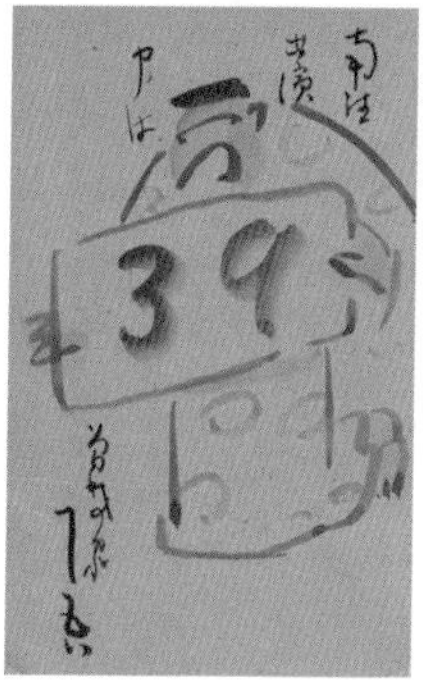

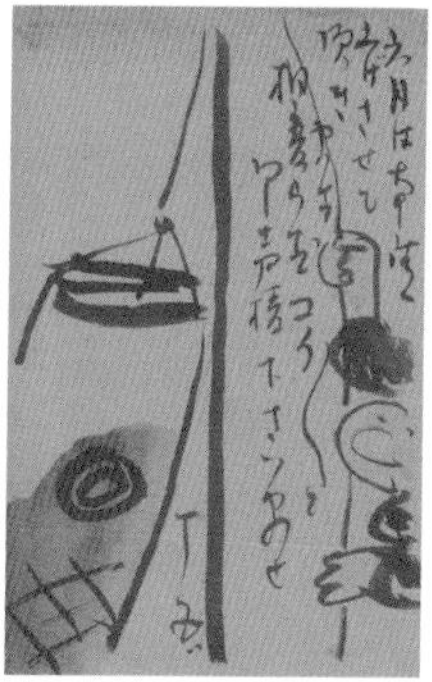

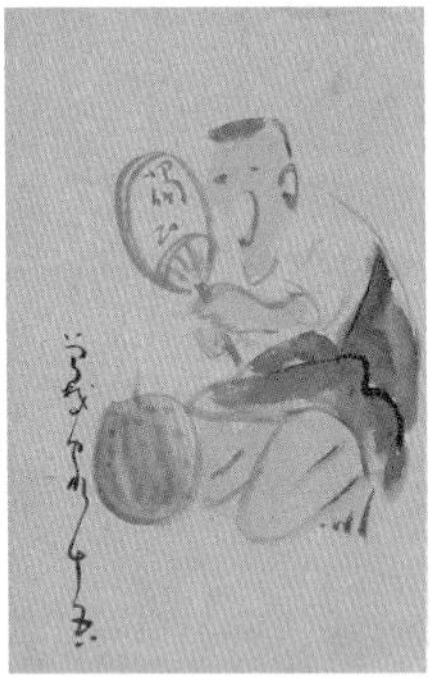

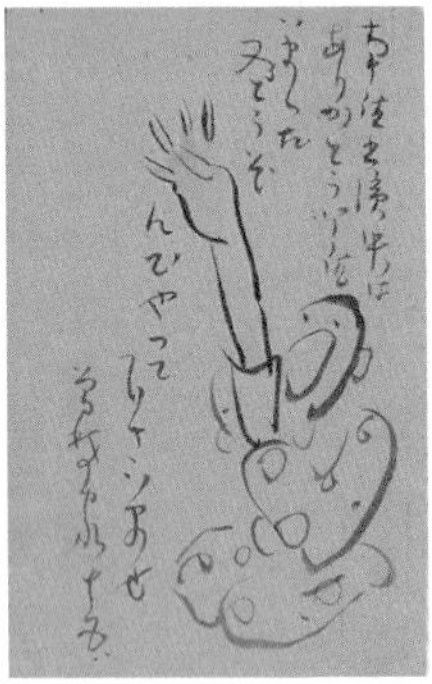
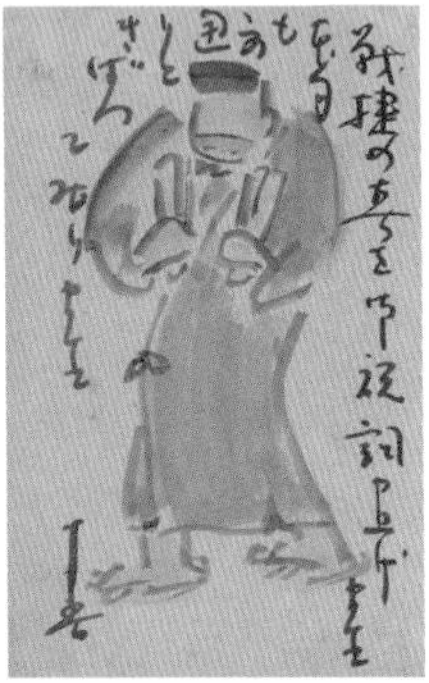
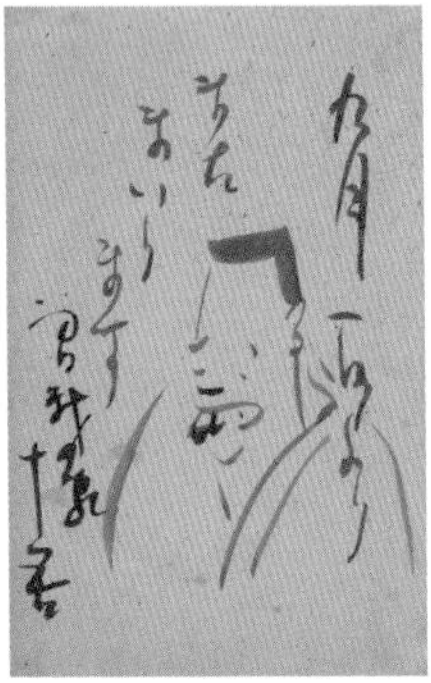

國策型の爆笑劇團
松竹家庭劇
初春公演
元旦初日
大阪歌舞伎座
進め一億火の玉だ！
松竹
家庭劇
四月廿一日初日
浪花の春を撃倒して素晴しい大人気です
三つのお名残り替り
どうとんぼり
浪花座
國策型の爆笑劇團
松竹家庭劇
就後の娯楽
一手引受け
ヘチマコロン
ソガノヤ
15
家庭劇
昼二回
夜

家庭劇はがき

家庭劇チラシ

○ 茂林寺文福　　◉ 茂林寺文福・館直志　合作

○　○　　○　○

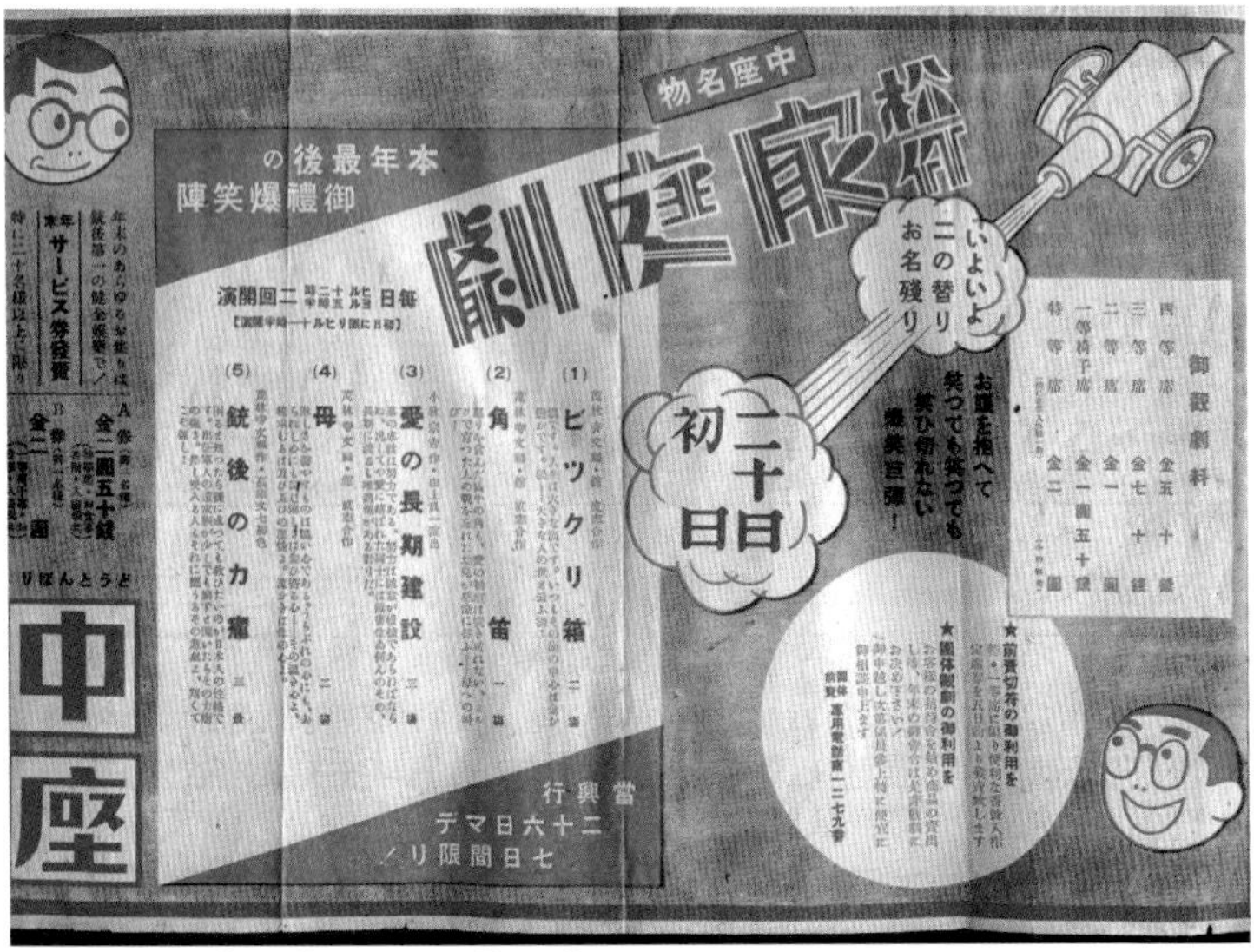

○　◉　　◉　◉

東劇名物
松竹
家庭劇
國策型の爆笑劇團
一日初日
日蔭の花
轉業戰士
戰へる母
天眼鏡
東京劇場
電話築地 三二一五
前賣用 三三五六

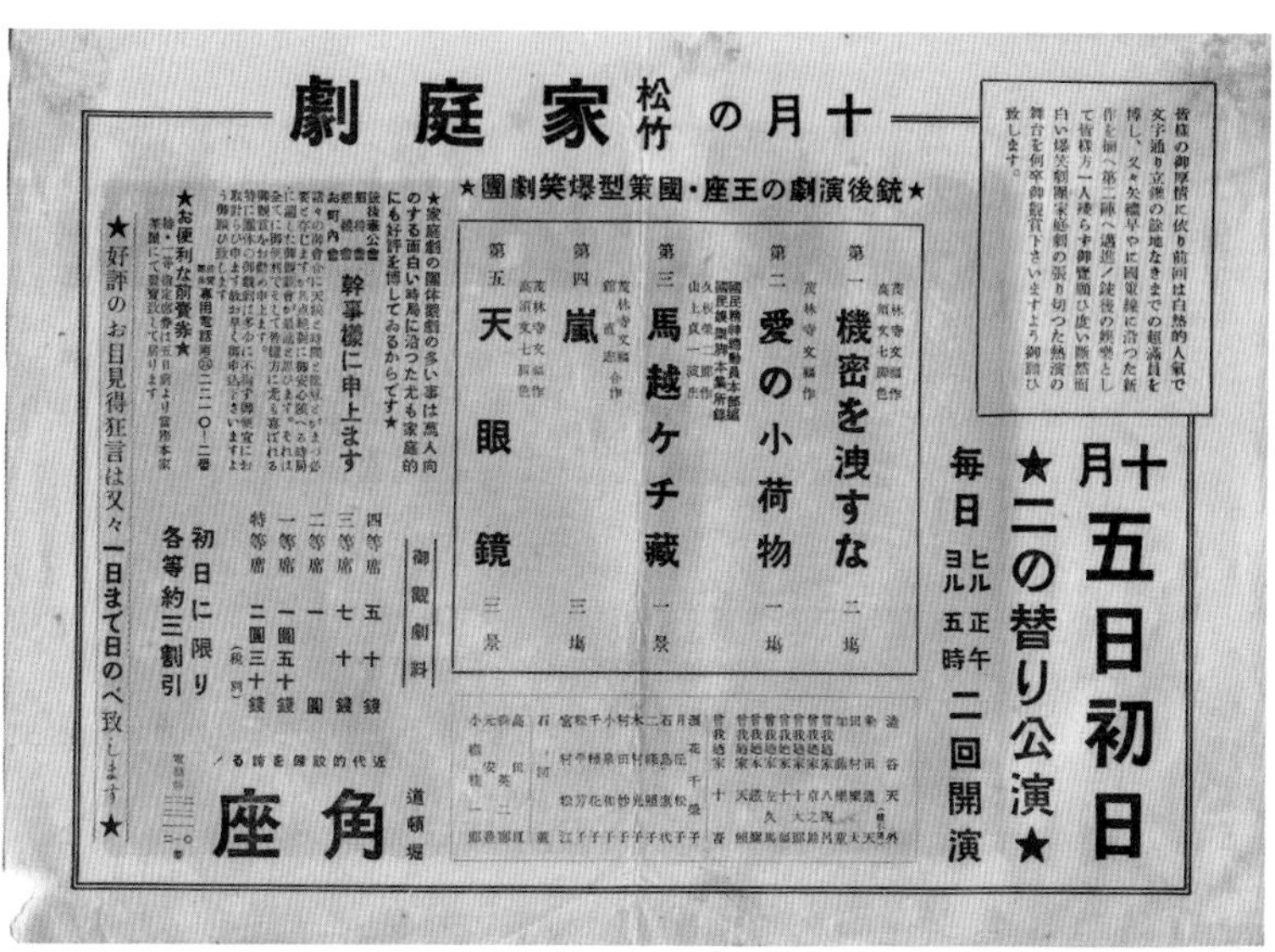
十月の松竹家庭劇
★銃後演劇の王座・國策型爆笑劇團★
皆様の御厚情に依り前回は白熱的人氣で文字通り立錐の餘地なきまでの超滿員を博し、又々矢繼早やに國策線に沿つた新作を揃へ第二陣へ邁進！銃後の娯樂として皆様方一人殘らず御覽願ひ度い斷然面白い爆笑劇團家庭劇の張り切つた熱演の舞台を何卒御觀賞下さいますよう御願ひ致します。
十月十五日初日
★二の替り公演★
毎日 ヒル正午 ヨル五時 二回開演
第一 機密を洩すな 二場
第二 愛の小荷物 一場
第三 馬越ケチ藏 一景
第四 嵐 三場
第五 天眼鏡 三景
★家庭劇の團体觀劇の多い事は萬人向のする面白い時局に沿つた尤も家庭的にも好評を博してゐるからです★
幹事樣に申上ます
御觀劇料
四等席 五十錢
三等席 七十錢
二等席 一圓
一等席 一圓五十錢
特等席 二圓三十錢
（税別）
★お便利な前賣券★
初日に限り
各等約三割引
★好評のお目見得狂言は又々一日まで日のべ致します★
道頓堀
角座

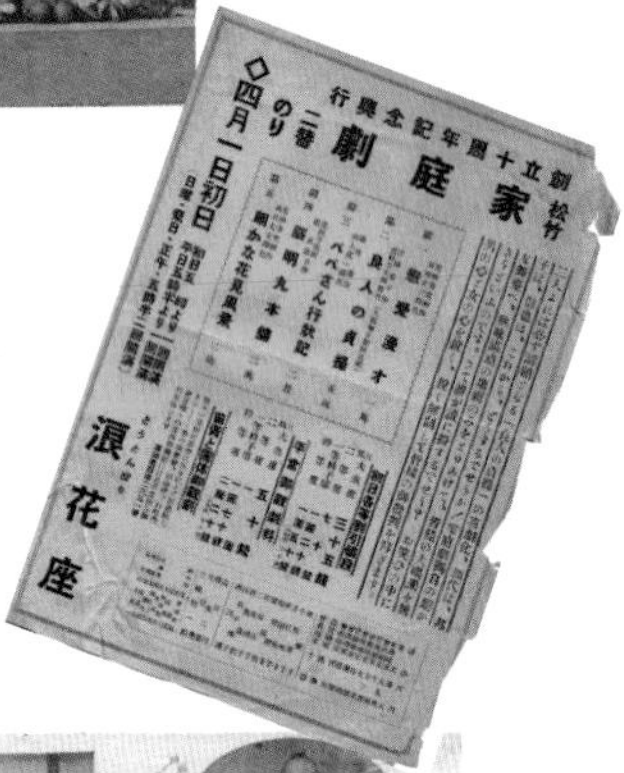

松竹家庭劇創立十周年記念
昭和 12 年 3 月
浪花座記念興行に際して

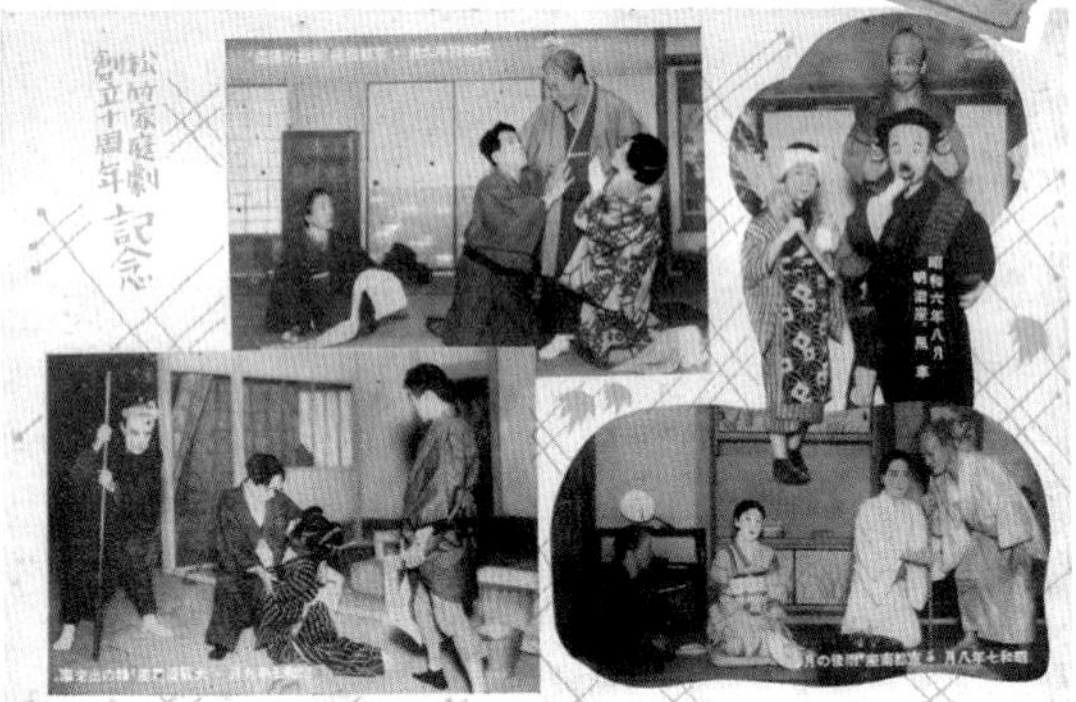

松竹家庭劇創立十周年記念はがき
左上：昭和４年６月京都南座「親爺の極道」
左下：昭和５年９月大阪浪花座「嫁の出来事」
右上：昭和６年８月明治座「風車」
右下：昭和７年８月京都南座「雨後の月」

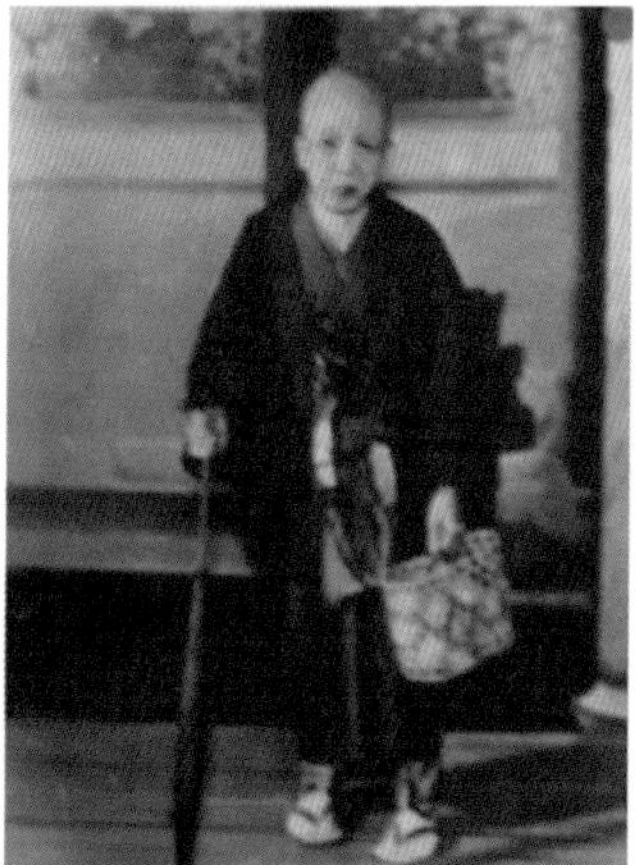

昭和17年2月

プログラム

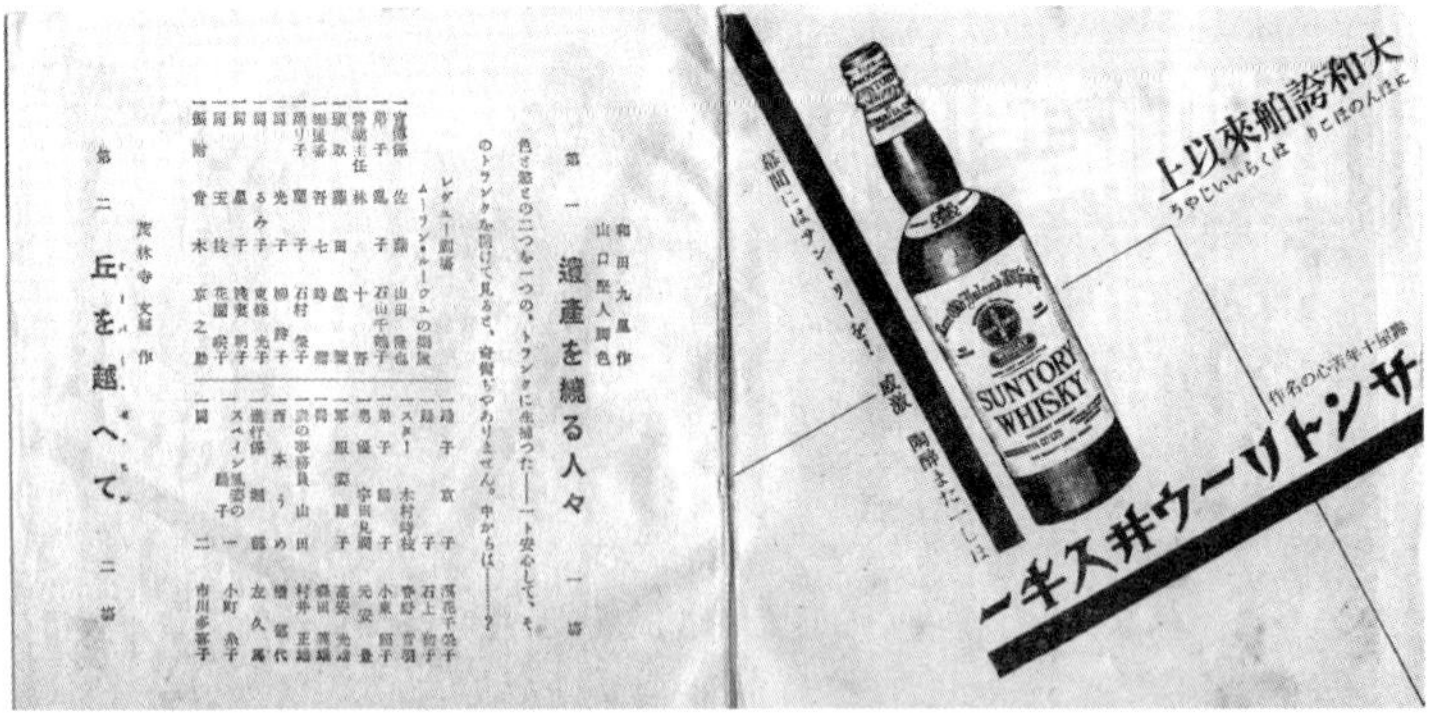

○　十吾

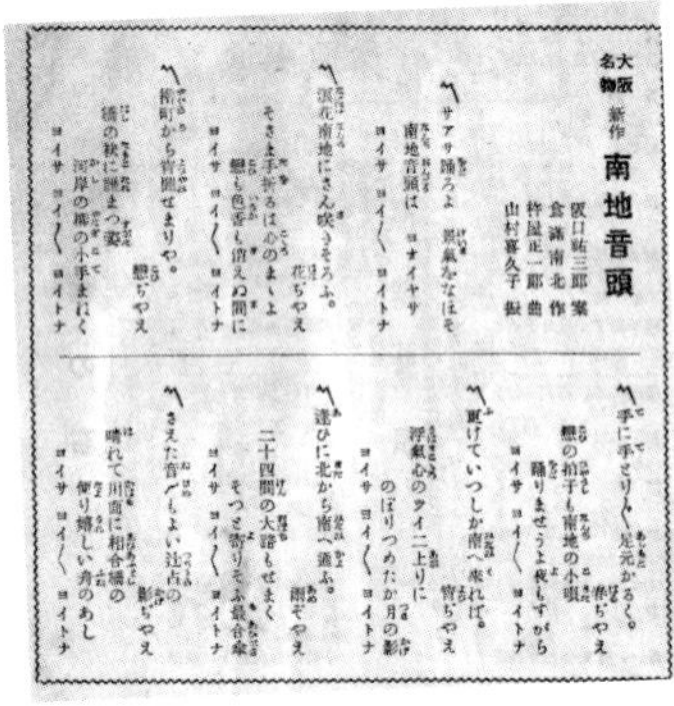

南地ばやしもできる

第一 豪農西田甚太郎家の裏口
第二 同 家 座 敷

一陸軍中尉某　左久馬
一同 軍曹某　加藤桂二郎
一同 兵士　大ぜい
一村の生徒　大ぜい
一豪農西田甚太郎　小織桂一郎
一二男讓治　十吾
一甚太郎末女安子　石河薫

一婿 大川　山田隆也
一三男 三郎　元安豊
一叔父 嘉助　致雄
一四男 四郎　高田耳
一四郎の妻 房枝　春日惠美子
一甚太郎の妻 おひさ　天照
一長男 一郎　澁谷天外
一妻 芳子　村田滿智子
一社員 楢　鐵彌

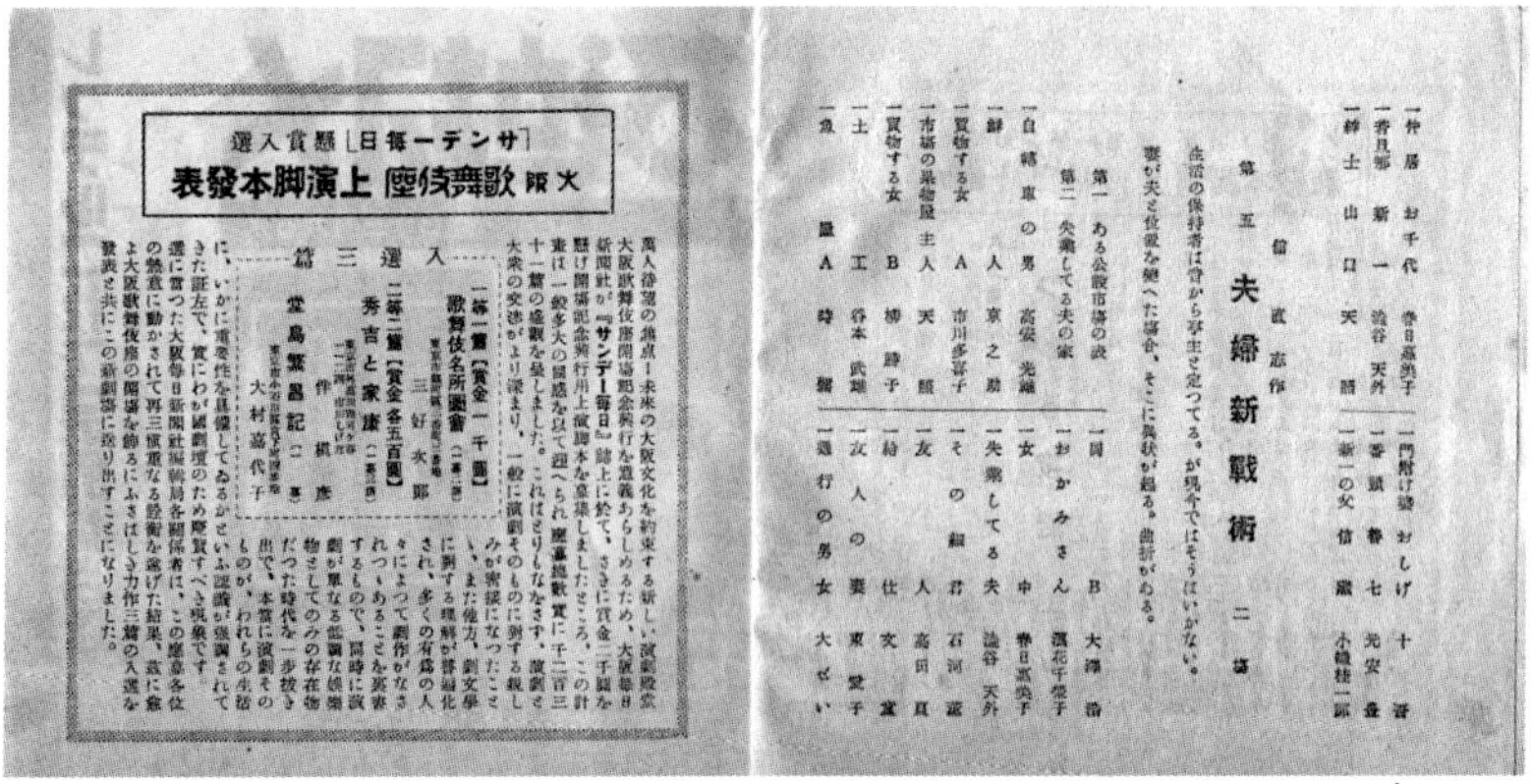
「サンデー毎日」懸賞入選

大阪 歌舞伎座 上演脚本發表

萬人待望の焦点！未来の大阪文化を約束する新しい演劇殿堂大阪歌舞伎座開場記念興行を意義あらしめるため、大阪毎日新聞社が『サンデー毎日』誌上に於て、さきに賞金二千圓を懸け開場記念興行用上演脚本を募集しましたところ、この計畫は一般多大の關心を以て迎へられ應募總數實に千二百三十一篇の盛觀を呈しました。これはとりもなおさず、演劇と大衆の交渉がより深まり、一般に演劇そのものに對する親しみが密接になつたこと、また他方、劇文學に對する理解が普遍化され、多くの有爲の人々によつて劇作がなされつゝあることを裏書するもので、同時に演劇が單なる低調な娯樂物としてのみの存在物だつた時代を一歩拔き出で、本當に演劇そのものが、われらの生活に、いかに重要性を具備してゐるかといふ認識が强調されてきた證左で、實にわが國劇壇のため慶賀すべき現象です。選に當つた大阪毎日新聞社編輯局各關係者は、この應募各位の熱意に動かされて再三愼重なる銓衡を遂げた結果、茲に愈よ大阪歌舞伎座の開場を飾るにふさはしき力作三篇の入選を發表と共にこの新劇壇に送り出すことになりました。

入選三篇

一等一篇【賞金一千圓】
歌舞伎名所圖會（一幕二場） 三好十郎

二等二篇【賞金各五百圓】
秀吉と家康（二幕三場） [illegible]
堂島繁昌記（二幕） 大村嘉代子

第五 夫婦新戰術 二場

生活の保持者は昔から亭主と定つてる。が現今ではそうはいかない。妻が夫と位置を變へた場合、そこに異状が起る。曲折がある。

十五

1932年大阪歌舞伎座開場記念興行に当たり、開場記念興行用上演脚本を募集したところ、1231篇の応募があった。

「演劇と大衆の交渉が深まり、一般に演劇そのものに対する親しみが密接になったこと、また他方、劇文学に対する理解が普遍化され、多くの有為の人々によって劇作がなされつつあることを裏書きするもので、同時に演劇が単なる低調な娯楽物としてのみの存在物だった時代を一歩抜き出で、本当に演劇そのものが、われらの生活に、いかに重要性を具備しているかという認識が強調されてきた証左」とある。

傷病将士慰問観劇会プログラム
（昭和 14 年）

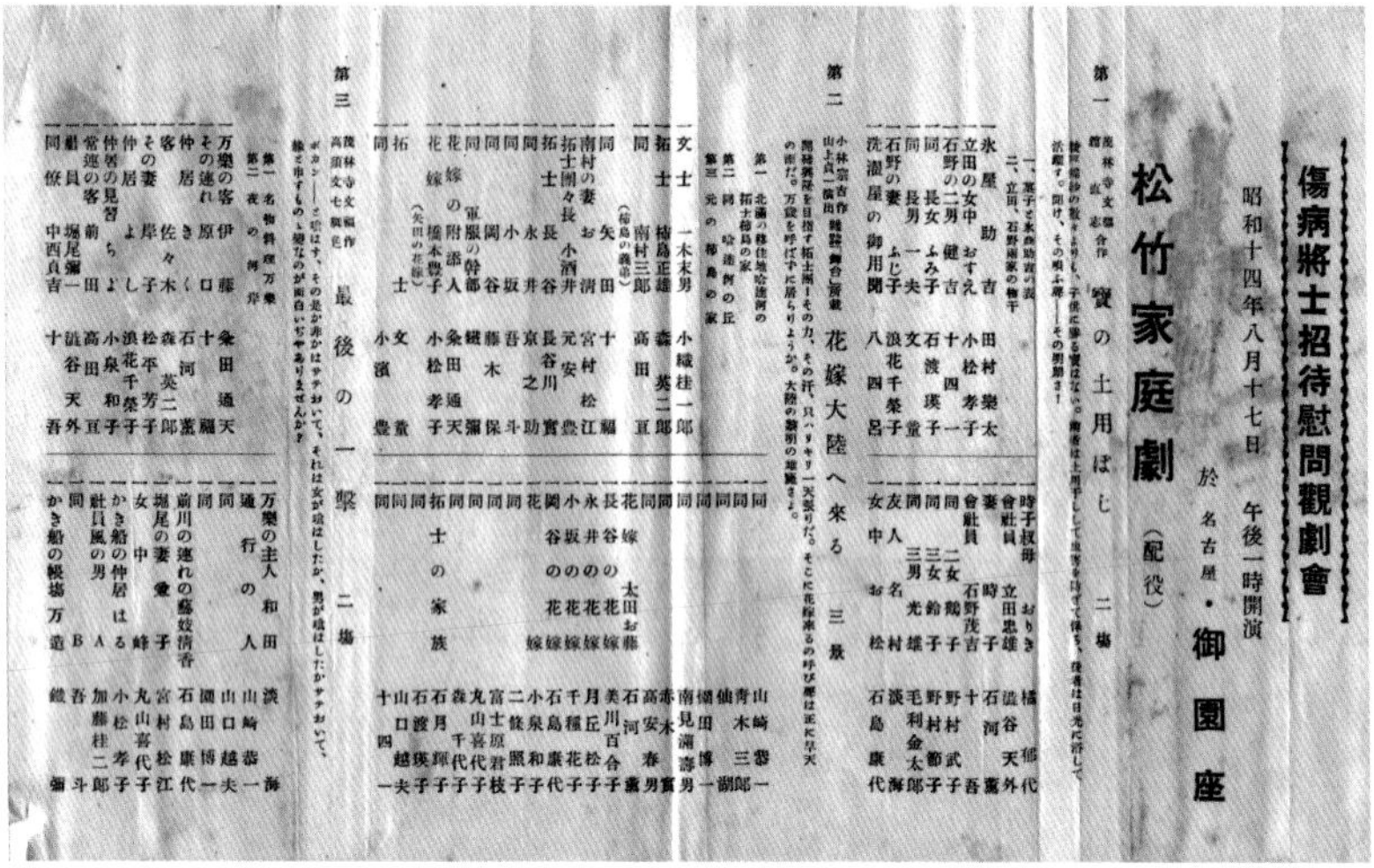
傷病將士招待慰問觀劇會

昭和十四年八月十七日　午後一時開演

於 名古屋・御園座

松竹家庭劇（配役）

第一　茂林寺文福・齋藤志 合作　寶の土用ぼし　二場

一、菓子と氷商助吉の店　二、立田、石野兩家の物干

氷屋　助吉	田村樂太
立田の女中　おすゑ	小松孝子
石野の二男　健吉	十四一
同　長女　ふみ子	石渡瑛子
同　長男　一夫	文童
石野の妻　ふじ子	浪花千榮子
洗濯屋の御用聞	八四呂
時子叔母　おりき	橘　郁代
會社員　立田忠雄	澁谷天外
妻　時子	石河薫
會社員　石野茂吉	十吾
同　二女　鶴子	野村武子
同　三女　鈴子	野村節子
同　三男　光雄	毛利金太郎
友人　名村	淡海
女中　お松	石島康代

第二　小林宗吉作　山上貞一演出　雑賀舞台装置　花嫁大陸へ来る　三景

第一　北滿の移住地哈達河の拓士稲島の家　第二　同　哈達河の丘　第三　元の稲島の家

開拓精神を目指す拓士所！その力、その汗、只ハッキリ一天張りだ。そこに花嫁来るの呼び聲は正に旱天の雨だ。万歳を呼ばずに居られようか。大陸の黎明の建設さよ。

文士　一木末男	小織桂一郎
拓士　稲島正雄	森英二郎
同　南村三郎（稲島の義弟）	高田亘
同　矢田	十編
南村の妻　お清	宮村松江
拓士團々長　小酒井	元安豊
拓士　長谷	長谷川實
同　永井	京之助
同　小坂	吾斗
同　岡谷	藤木保
同　軍服の幹部	繼彌
花嫁の附添人	粂田通天
花嫁　橋本豊子（矢田の花嫁）	小松孝子
拓士	文童
同	小濱豊
同	山崎恭一
同	青木三郎
同	仙田博一
同	南見満壽男
同	赤木春男
同	高安實
花嫁　太田お藤	石河薫
長谷の花嫁	美川百合子
永井の花嫁	月丘松子
小坂の花嫁	千種花子
岡谷の花嫁	石島康代
花	小泉和子
同	二條照子
同	富士原君枝
同	丸山喜代子
同	森千代子
拓士の家族	石月輝子
同	石渡瑛子
同	山口越夫
同	十四一

第三　茂林寺文福作　高須文七脚色　最後の一撃　二場

第一　名物料理万樂　第二　夜の河岸

ボカン——と喰はす、その是か非かはサテおいて、それは女が喰はしたか、男が喰はしたかサテおいて、餘ど申すものゝ變なのが面白いぢやありませんか？

万樂の客　伊藤	粂田通天
その連れ　原口	十編
仲居　きく	石河薫
客　佐々木	森英二郎
その妻　岸子	松平芳子
仲居　よし	浪花千榮子
仲居の見習　よちよ	小泉和子
常連の客　前田	高田亘
組員　堀尾彌一	澁谷天外
同僚　中西貞吉	十吾
万樂の主人　和田	淡海
通行の人	山崎恭一
同	山口越夫
同	園田博一
前川の連れの藝妓　清香	石島康代
堀尾の妻　愛子	宮村松江
女中　峰	丸山喜代子
かき船の仲居　はる	小松孝子
社員風の男　A	加藤桂二郎
同　B	吾斗
かき船の帳場　万造	鐵彌

十吾　　十吾

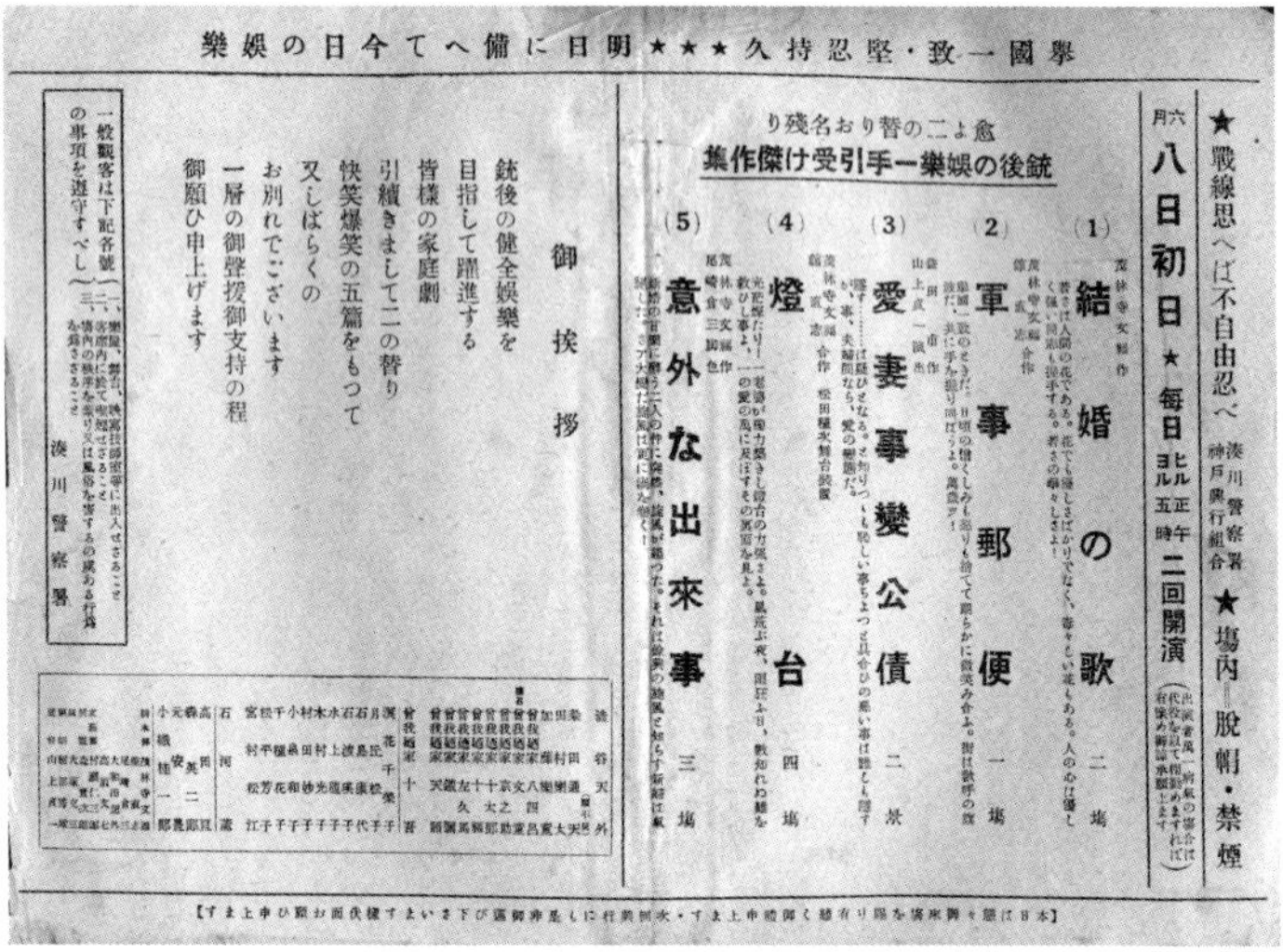
擧國一致・堅忍持久★★★明日に備へて今日の娯樂

★戰線思へば不自由忍べ　湊川警察署　神戸興行組合　★場内＝脱帽・禁煙

六月八日初日★毎日 ヒル正午 ヨル五時 二回開演

（出演者風一病氣の場合は代役を以て相勤めますれば右御了解願上ます）

愈よ二の替り名殘り
銃後の娯樂一手引受け傑作集

(1) 茂林寺文福作　結婚の歌　二場

若さは人間の花である。花でも優しさばかりでなく、苦々しい花もある。人の心は優しく強い同志も握手する。若さの尊々しさよ！

(2) 茂林寺文福・齋藤志 合作　山上貞一演出　軍事郵便　一場

擧國一致のときだ。日頃の憎くしみも怒りも捨てて朗らかに微笑み合ふ。街は歡呼の旗波だ、共に手を振り合はうよ。萬歳ア！

(3) 茂林寺文福・齋藤志 合作　松田種次舞台装置　愛妻事變公債　二景

隠す……は疑ひなる。さ知りつゝも隠し事ちよつと具合ひの悪い事は誰しも隠す事、夫婦間なら、愛の範囲だ。

(4) 茂林寺文福作　尾崎倉三郎脚色　燈台　四場

光耀たり！一老爺が努力嫌きし燈台の力強さよ。嵐荒ぶ夜、困狂ふ日、数知れぬ難を救ひし事よ、一の愛の為に及ぼすその真面を見よ。

(5) 意外な出來事　三場

新婚の甘い闇に醉う二人の仲に突然、旋風が起つた。それは時代の旋風と知らずに新婚は威張した……さア大変だ旋風は遂に……

御挨拶

銃後の健全娯樂を
目指して躍進する
皆様の家庭劇
引續きまして二の替り
快笑爆笑の五篇をもつて
又しばらくの
お別れでございます
一層の御聲援御支持の程
御願ひ申上げます

一般觀客は下記各號の事項を遵守すべし
一、興行、劇場、特等技師室等に出入せざること
二、客席内に於て喫煙せざること
三、場内の秩序を紊り又は風俗を害するの虞ある行為を為さざること
湊川警察署

【本日は御來場を賜り有難く御禮申上ます・次回興行に一層御聲援下さいますよう伏して御願ひ申上ます】

「挙国一致・堅忍持久　明日に備へて今日の娯楽」
「戦線思へば不自由忍べ」とある

新組織家庭劇合本プログラム

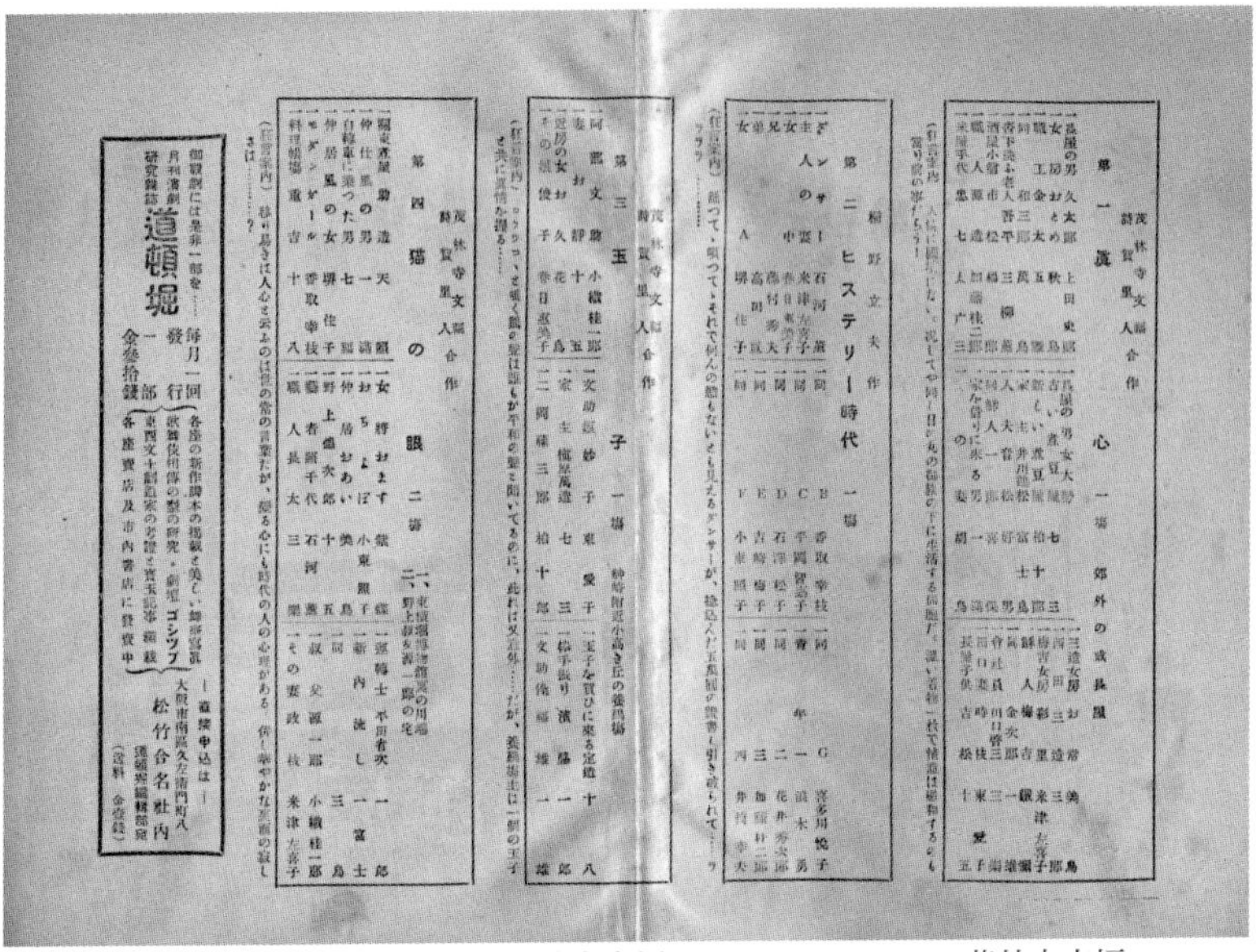

茂林寺文福
詩賀里人
合作

茂林寺文福
詩賀里人
合作

茂林寺文福
詩賀里人
合作

写真提供：ABC テレビ

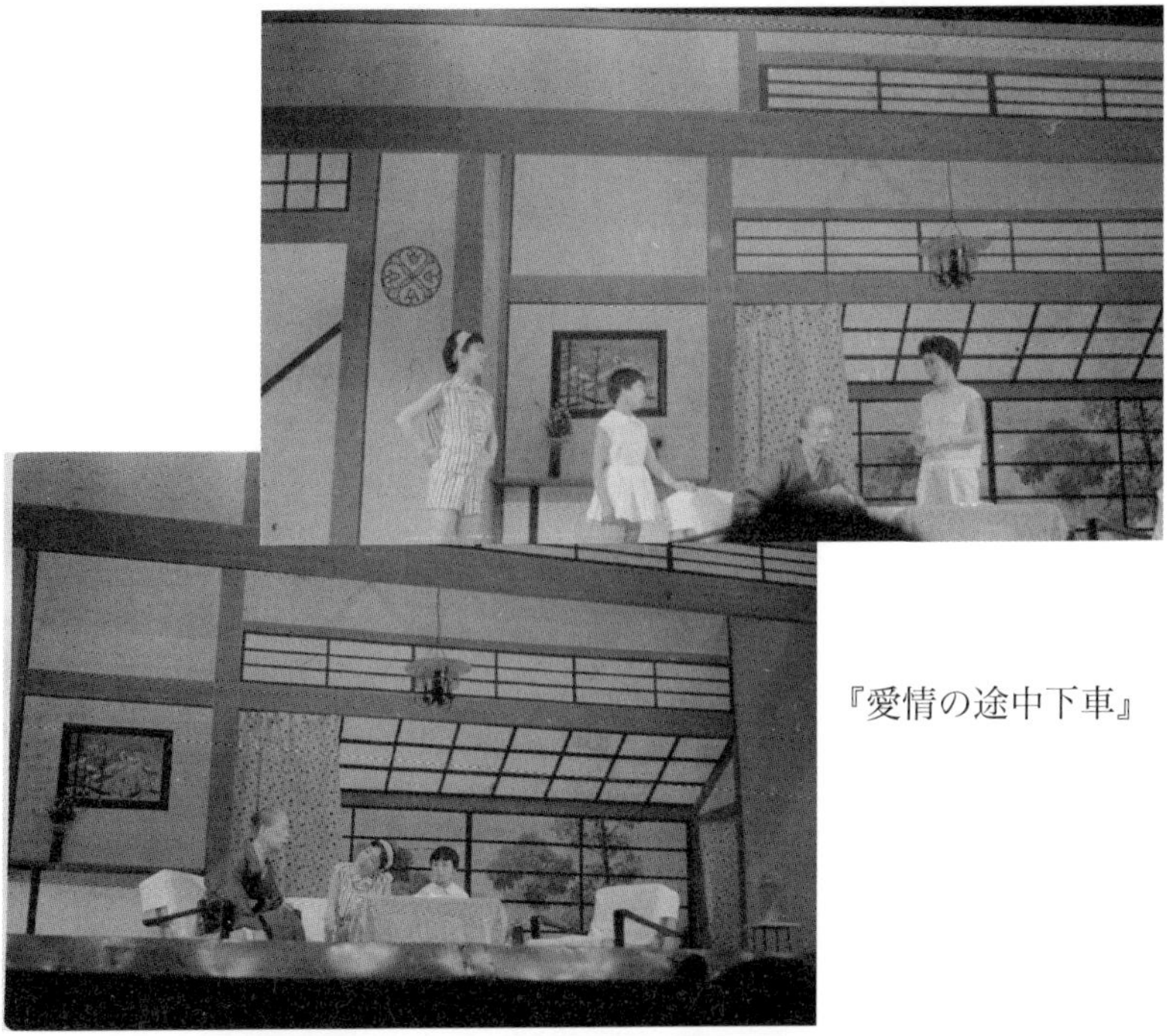

『愛情の途中下車』

『お婆さんのマネービル』

5月新橋演舞場『お祭り提灯』(戦前)

『ちびた高下駄』
(昭和38年10月)

6月文楽座

『良寛さま』

『花かんざし』

『釘づけされた男』
(舞台稽古スナップ)

『顔』
昭和 32 年 12 月文楽座

『鼻の六兵衛』　文楽座

文楽座の楽屋　新人達に囲まれて
昭和 32 年 8 月旗上げ

福知山にて
十吾は野球好きだった

慈善サインデー

国際会館公演に先立ち
海光園慰問

喧嘩売買　昭和 33 年南座屋上で撮影

木登り十吾
京都南座公演を控えて
八瀬　庭にて

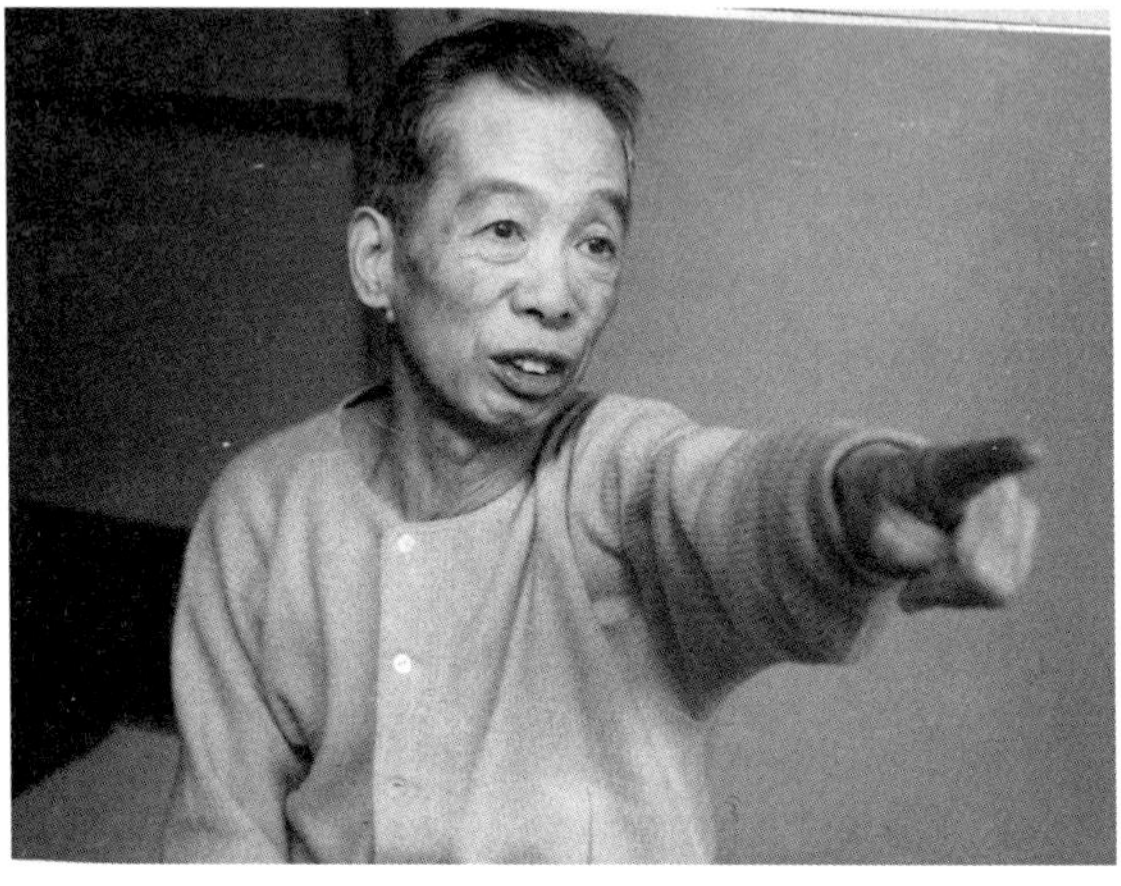

曾我廼家十郎三十三回忌　昭和32年11月
十郎師の供養のため
第二次家庭劇を旗上げすることになった

右　高須文七氏
十吾が出た時松竹新喜劇の文芸部に
残ったが、終生十吾に仕えた

十吾直筆台本（一部）
『いびき極楽』『競輪ばあさん』

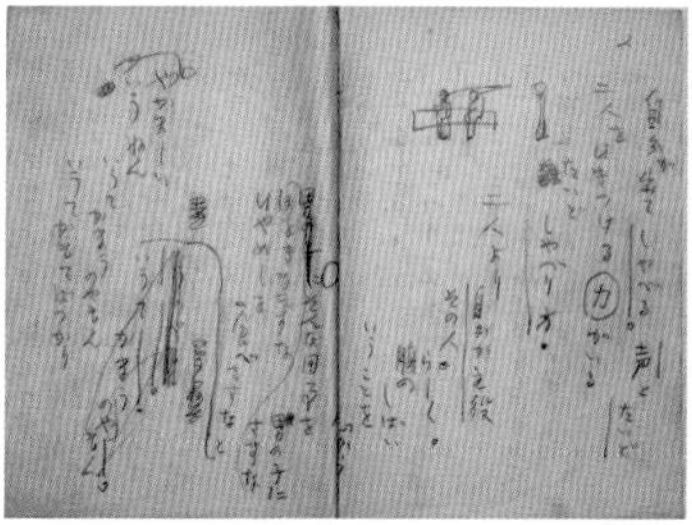
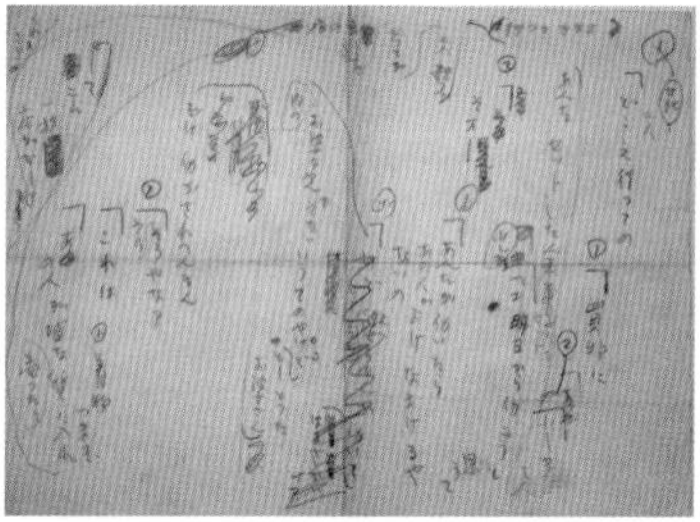
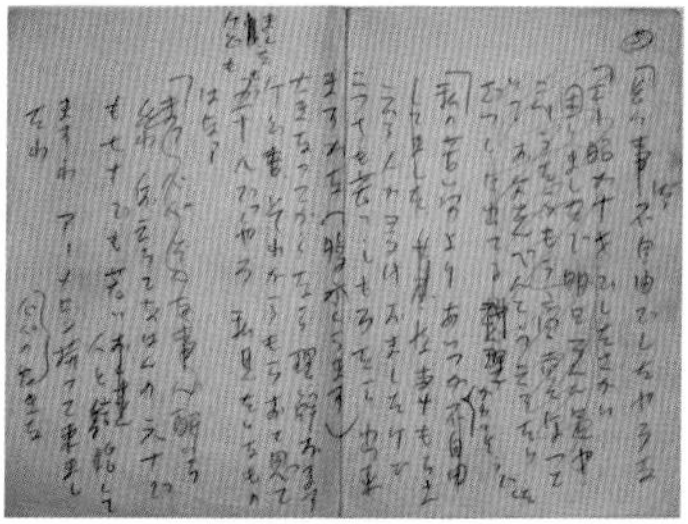
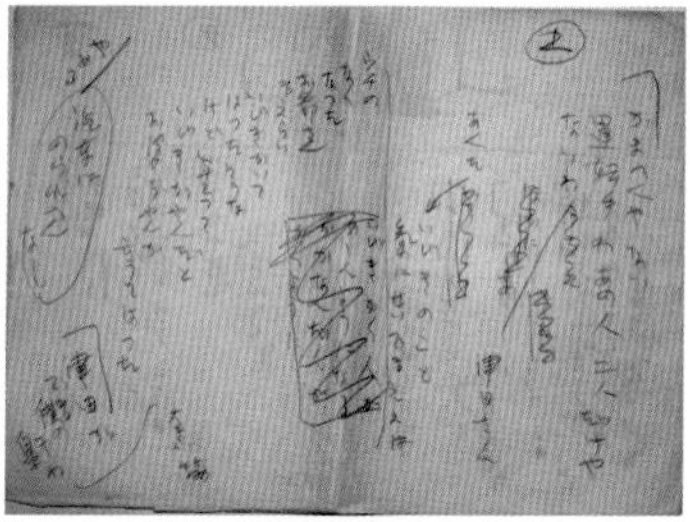
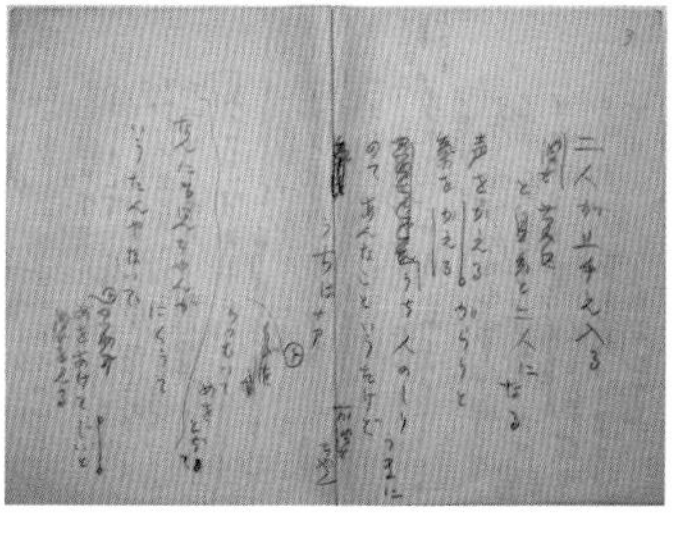
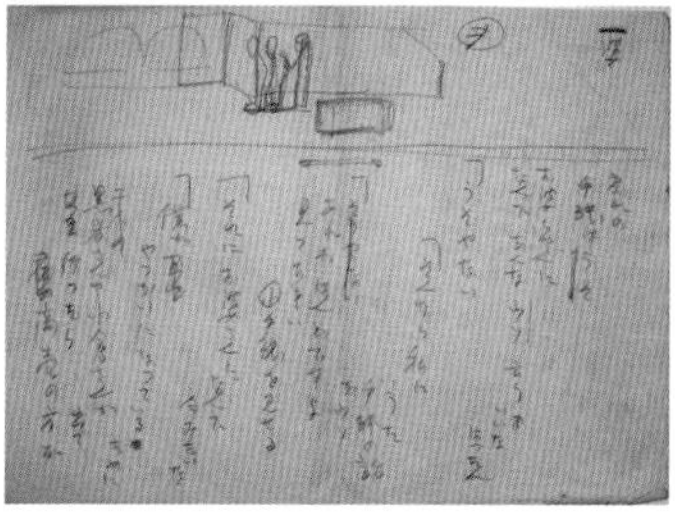

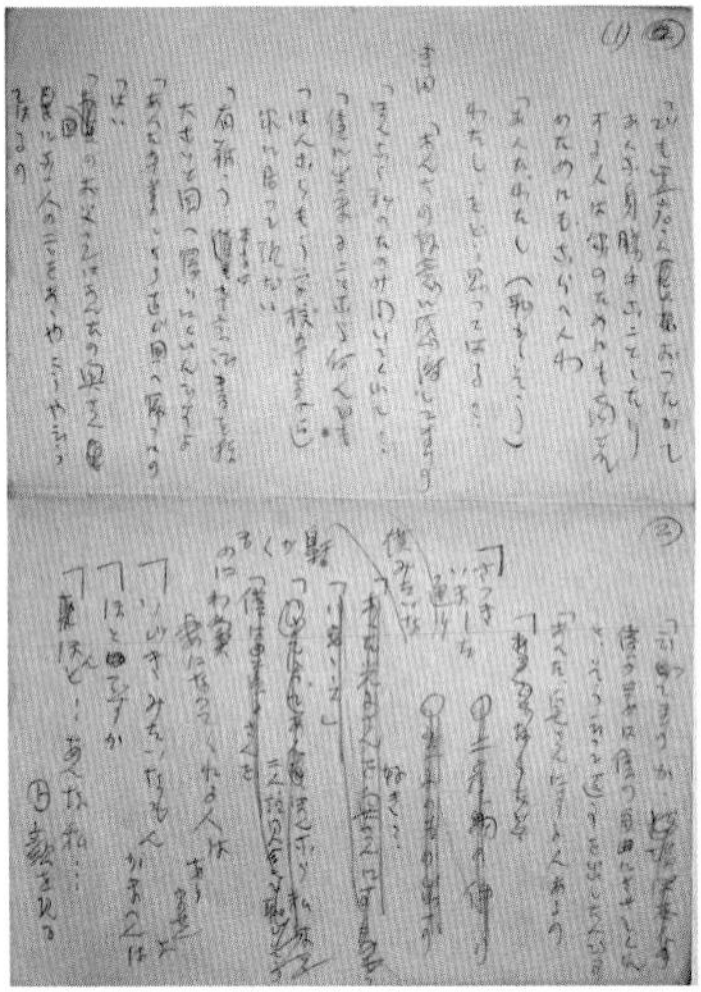
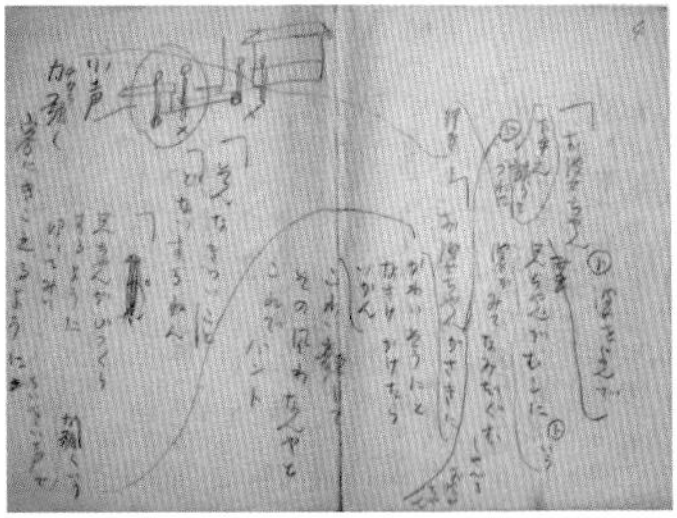
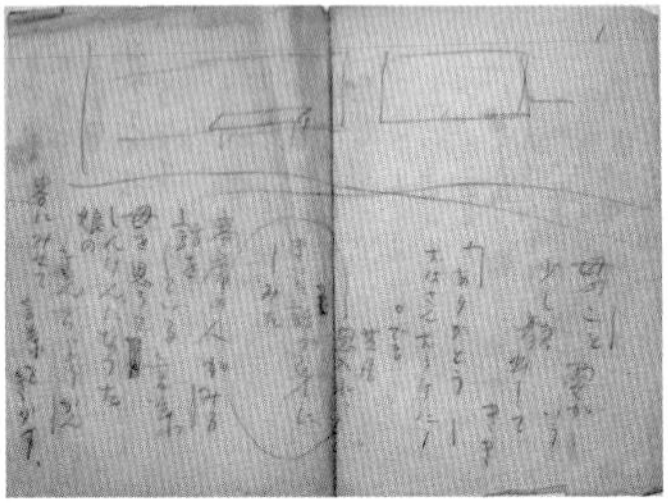
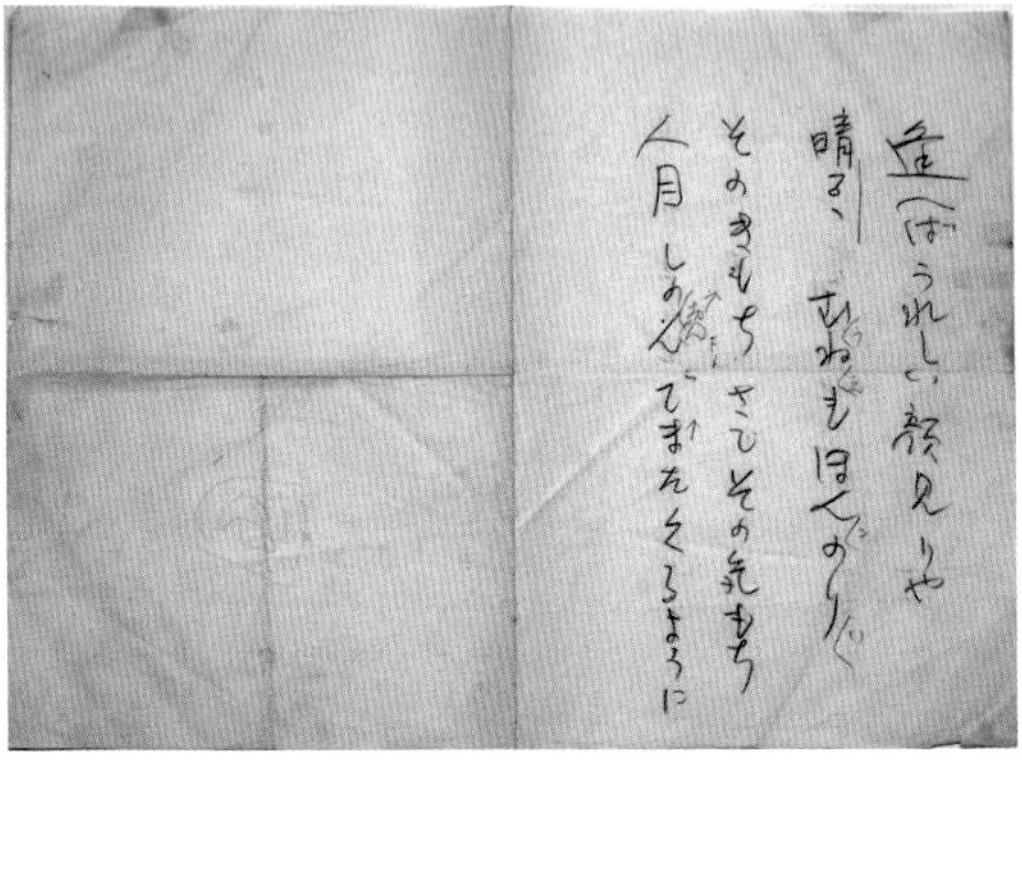

四代目坂東鶴之助（のち五代目中村富十郎）と

三代目市川壽海(市川雷蔵養父)と

この二枚の写真は十吾が終生大切にしていた
手文庫の中にあった。

『ちびた高下駄』 全三場 テープ

作：藤本義一 作
脚色：茂林寺文福
出演：ミヤコ蝶々，南都雄二、石井均，小島のぶえ、
八木五文楽 他
昭和38年5月南座公演より
スピード19センチ

〈十吾と天外〉

本家はんと元祖はん

十吾天外が袂を別って以来初めてテレビで共演した
朝日放送制作（昭和36年）【© ABCテレビ】

十吾の松竹家庭劇と天外の松竹新喜劇集合写真

あとがき

勘三郎、団十郎に次ぐ三津五郎の訃報、五十八歳…役者は六十歳からと言いますのに。私は七代目の「喜撰法師」を見ています。色好みの上眼使いの可愛かった事。河豚で亡くなった八代目は偶然其の最後の舞台「御ゆう様」を南座で見ました。

私の手許に泣くように集まった膨大な資料…事の起こりは私が阪急梅田古書店街で十吾の画帖を見つけてからです。ついで大阪地下街で十吾の絵葉書・五郎の劇場案内絵葉書を購入。平成二十五年一月西宮えびす隣の画廊「風姿花伝」にて『ハラショウ！十吾展』開催。六十年前の当時のラジオの台本の裏に書いた私のメモは、死ぬ時に墓に持って行こうと諦めていました。平成二十七年、大阪大学近現代演劇研究室主宰の永田靖教授が行李五杯の演劇資料を引き受けて下さいました。

半世紀前父に反抗して飛び込んだ芸能界ですが、こと志と違い十年に満たぬ舞台生活で引退しました。その頃京都南座の東に隣接し、舞台のお囃子や柝の音が聞こえる十吾師のお宅を訪ねました。京都へ先祖の墓参りで訪れる機会の度、お伺いしました。その折々に目の前で、色紙に花器や都都逸の戯れ絵?を描いて下さいました。

（第二次）家庭劇旗上げの時劇団員募集があり、応募者七百人の中から二十三人合格。研究生として素人から出発した女優の卵三人。青木篤代十八才、浜口道子十六才、小島のぶえ二十六才。私は最年長でした。三人とも芸能界とは無縁の家庭に育ち、いわば無垢の素材で十吾に鍛えられ、代役も主役もこなしました。特筆すべきは三人とも呆け地で、喜劇女優の可能性を秘めていたのです。旗上げの二十三人の内、番付けの最後尾に書かれた三人が、三十九年初めまで残っていました。家庭劇と共に埋没。十吾の最晩年の病床を見舞っています。

あれから半世紀余。今や昭和すら時代劇扱い。明治から令和に至る時代の推移は想像を絶するスピードです。しゃべくりの漫才のスピードも限界に近い。

空襲の焼け跡が目立たなくなった頃、人々はまだ敗戦の辛苦を引きずりながら、人情の機微に詩情をまぶして客席と舞台で泣き笑い、昔は快いリズムが流れていました。

生の芸に接してこその味わい、裏方、役者、観客の三者が一体…正に三位一体で芸は完結する、道徳、人情、浮き世の渡り方、耳学問知性教養が身につく。舞台は総合芸術、瞬時に反応が返ってきます。テレビ・パソコン・インターネットはどうやって芸を育てるのでしょう。

パンダが初めて上野にやって来た時、桜と共に十吾が旅立って五十年です。曾我廼家を名乗る役者は十人。五郎十郎十吾天外の舞台脚本は喜劇の古典です。大阪の人情と言葉は即喜劇。喜劇はこの世を浄化するもの、大事に守ってゆくべきだと思います。

大阪大学、松竹株式会社、河内厚郎先生、廓正子先生、宮川龍太郎近鉄劇場支配人、座員中原大乗寺住職のお力を借り、コロナ禍中、松井恭子さんが慢性心不全で入退院を繰り返す満九十三歳の老婆をコントロール。この本を纏めて下さいました。

神戸松竹座、大黒座、花隈、久富…十吾師との繋がりの中で、演劇芸能の世界を覗けたこと、改めて感謝しています。

文中敬称略、どうぞ年齢に免じてご容赦の程願い上げます。

令和六年一月二十七日　　小島のぶ江

小島のぶ江　画

小島のぶ江

昭和六年大阪天王寺区生まれ。兵庫県立第二神戸高等女学校卒業。父は神戸新開地『松竹座』の活動弁士、後日本職業野球連盟関西事務局長の小島善平。

二十六歳の時、曾我廼家十吾・松竹家庭劇旗揚げに応募し合格。昭和三十二年八月道頓堀文楽座初舞台。人気を博したが昭和三十九年一月家庭劇退団。吉本新喜劇に加入するも昭和四十二年芸能界引退。

退団後昭和四十年頃から晩年の十吾を度々見舞う。十吾との会話を克明にメモし死の間際まで関わることになる。

幼少より絵画にも長け、個展、グループ展多数。著書に『俳句の絵本・栄子と善平』（朝日カルチャーセンター）、『ぺこちゃん物語』（松村勝二郎、宮川龍太郎・共著）『洋服箱の中の命たち』（森川禮一郎・編）『洋服箱の中の花たち』（同）、『西宮球場　小島昭男遺句集』（大盛堂書房）『のぶ江の楽描き　顔』（同）。

挿絵として『こう君の秘密のズボン』『たっ君桃太郎危機一髪』（浜田信子著）。

平成二十五年『ハラショウ！十吾展』開催。

日舞藤間流名取り（藤間三暉）。

河内厚郎

西宮市うまれ。演劇評論家として執筆業に入る。「関西文学」編集長を二期十五年つとめる。

著書に『淀川ものがたり』『わたしの風姿花伝』『阪神間近代文学論　柔らかい個人主義の系譜』『もうひとつの文士録』。有栖川有栖との対談集『大阪探偵団』。編著に『手塚治虫のふるさと・宝塚』『大阪と海・二千年の歴史』、多田道太郎・河内厚郎・毎日新聞未来探検隊『阪神観「間」の文化快楽』、米山俊直との共著『天神祭』、桂米朝・藤本義一・大野晋らとの対談集『関西弁探検』。共著に『上町学　再発見・古都大阪』『上町学を創造する―よみがえる古都おおさか』、ＮＨＫブックス『都市のたくらみ・都市の愉しみ　文化装置を考える』（編著　サントリー不易流行研究所）、『興行とパトロン』神山彰・編など。

阪急文化財団理事。はびきの市民大学学長。兵庫県立芸術文化センター・参与。宝塚映画祭実行委員長。

一橋大学法学部卒。舞台芸術学院（夜間）で学ぶ。

資料協力　松竹株式会社

曾我廼家十吾　日本一のおばあちゃん役者

発　行　令和六年　四月二十三日　第一版一刷発行

著　者　小島 のぶ江

発行人　松井 宏友

発行所　株式会社　大盛堂書房

〒六五七－〇八〇五　神戸市灘区青谷町四－四－十三

印刷・製本　モリモト印刷株式会社